新觀念伽利略

掌握角度與長度的現代必備數學

三角函數

人人出版

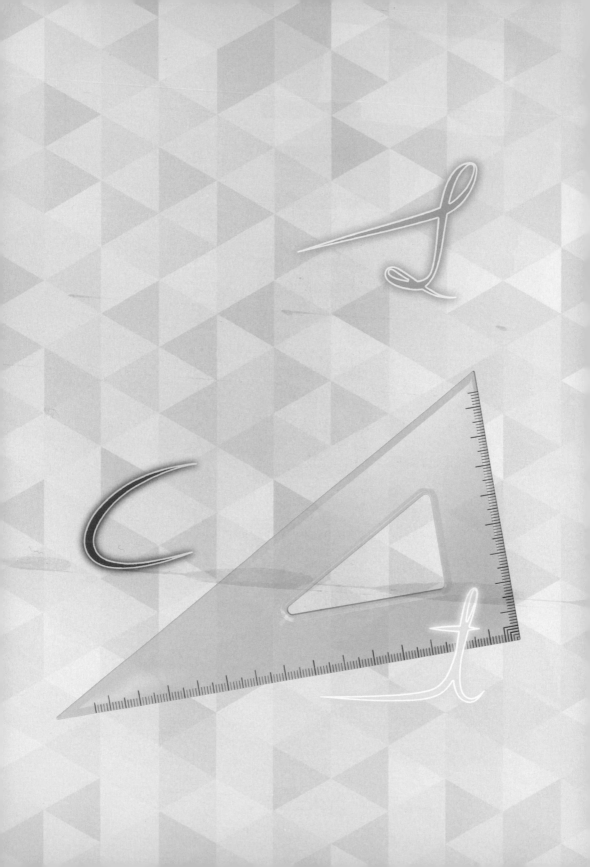

前言

正弦、餘弦、正切。

在數學課本裡學到這些名詞時，

應該有不少人把它們當成經文般死背下來吧？

三角函數其實是一種非常貼近日常生活的數學概念，

從古代以來就一直支撐著人們的生活。

而在我們生活中不可或缺的智慧型手機和影音串流等科技產品中，

其實也使用了三角函數的應用技術。

本書將以輕鬆易懂的方式介紹三角函數的起源，

以及它在實際生活中的應用，擺脫「三角形」的限制，

順著歷史發展脈絡來探討三角函數。

3 如此方便！三角函數的重要公式

4 從三角函數到「圓」與「波」

5 支撐著先進技術的三角函數

附錄

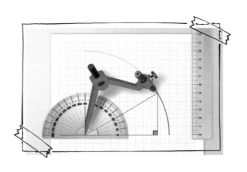

1

先關注
三角形吧

三角函數是描述三角形角度和邊長關係的函
數。三角形本身具有什麼樣有趣的特性？這
些特性又發揮了什麼作用？三角函數本身又
是如何產生的？讓我們繼續往下看。

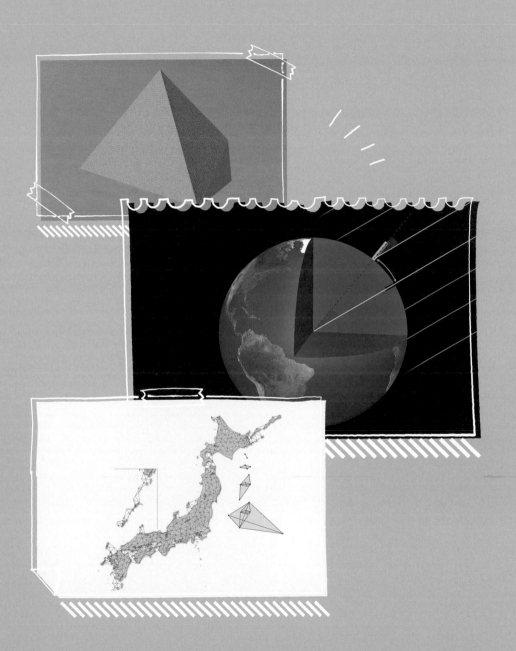

先關注三角形吧

從三角形的性質中產生的便利函數

現代社會是由三角函數所支撐的！

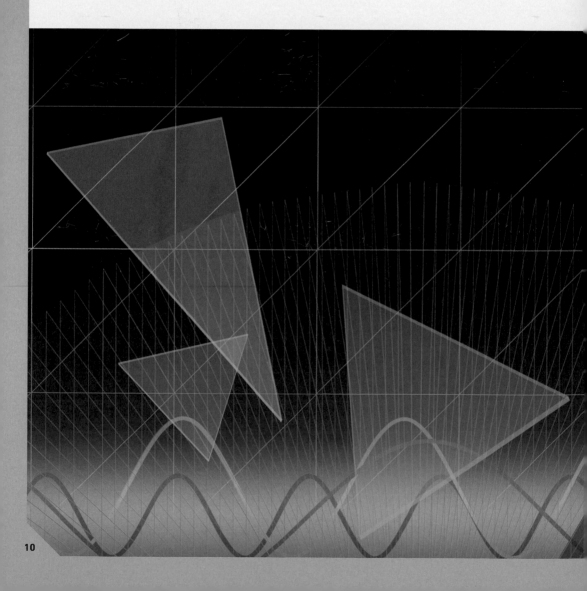

正弦、餘弦、正切。這三個如同咒語般的名詞，是本書主題「三角函數」（trigonometric function）的名字。

既然它們被稱為三角函數，當然與三角形有關。然而，正如我們在本書後半部分所詳細探討的那樣，看似與三角函數無關的「波」，其實也與它有著深刻的關聯。

光線、聲音、無線電、地震……

我們的生活被各種波所環繞。為了研究和有效利用這些波，我們需要學習如何熟練的運用三角函數。

在今天的社會中，三角函數廣泛應用於影音串流、遊戲、掃地機器人等各種科技產品中。可以說，三角函數是支撐現代社會的基石。

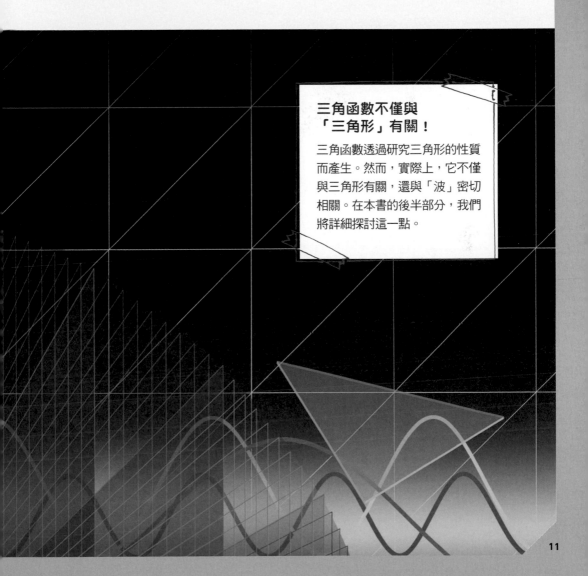

三角函數不僅與「三角形」有關！

三角函數透過研究三角形的性質而產生。然而，實際上，它不僅與三角形有關，還與「波」密切相關。在本書的後半部分，我們將詳細探討這一點。

三角形是各種圖形的基礎

強固的建築結構，由三角形構成！

三角形是各種圖形的基礎。四邊形、五邊形等多邊形都可以毫無例外地被分割成多個三角形。換句話說，**透過組合多個三角形，可以建構出任意複雜的多邊形與多面體**。這個概念也被應用在電腦遊戲和電腦繪圖（Computer Graphics，CG）動畫中，和以大量三角形※的組合來表示物體的「多邊形建模」（polygonal modeling）技術裡。

此外，以三角形為基礎的骨架結構被稱為「桁架結構」（truss structure），經常被使用在鐵橋等建築。**因為當三角形的三邊長度固定，三個頂點的位置和角度也會跟著固定，因此能保持穩定的形狀。** 其他多邊形，如四邊形，則無法實現這一點。

將三角形的三個內角（頂點的內側角度）相加，總是等於180°。了解這一點之後，我們只需知道兩個角的角度，就可以計算出另一個角的角度。

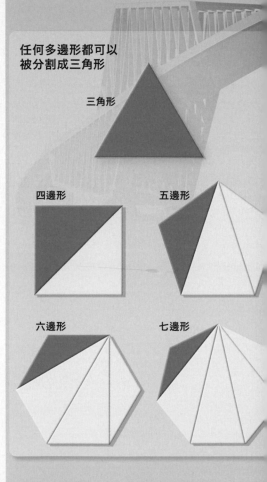

任何多邊形都可以被分割成三角形

三角形

四邊形

五邊形

六邊形

七邊形

※：除了三角形之外，也會使用四邊形進行多邊形建模。

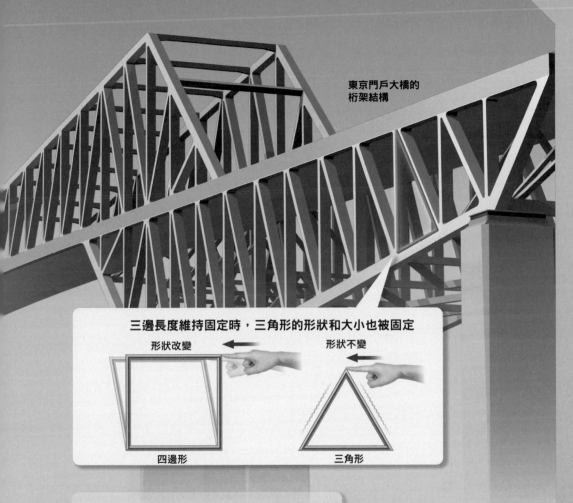

東京門戶大橋的
桁架結構

三邊長度維持固定時，三角形的形狀和大小也被固定

形狀改變 ←　　　　　　　　形狀不變 ←

四邊形　　　　　　　　　　　三角形

三角形的內角相加等於 180 度

內角相加之後（內角和）為180度 編註

三角形是如此重要！

這裡總結了三角形擁有
的三個重要特性。由於
這些特性，三角形可以
說是各種圖形的基礎。

編註：此公設衍生自歐幾里得幾何（Euclidean geometry）的平行公設（Parallel Axiom），前提是
三角形位在平面上。三角形若位在球面上，例如地球赤道上的一段緯線與左右兩條經線所圍成的三角
形。這兩條與赤道垂直的經線（各90度）最後會相交於北極點或南極點，因此這三條經緯線所圍成的
三角形內角和會大於180度。

13

用一根棒子就能測量金字塔的高度！

自古以來，人們便善於利用三角形的特性

自古以來，人們就善於利用三角形的特性。例如，古希臘哲學家泰利斯（Thales，西元前624年左右～西元前547年左右）據說曾使用以下方法求得巨大金字塔的高度。

泰利斯將一根棒子

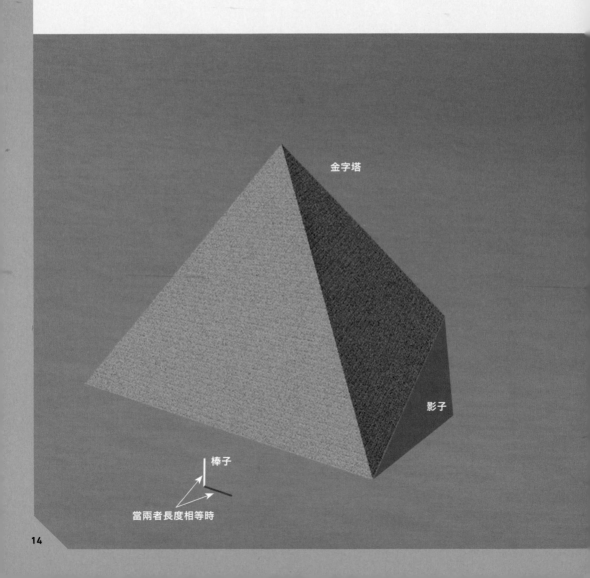

金字塔

影子

棒子

當兩者長度相等時

垂直插入地面，等到日照棒子所形成的影子長度與地面上棒子的高度相等時，同步量出金字塔的影子長度。此時，「棒子和其影子所形成的三角形」以及「金字塔中心軸和其影子加二分之一底邊所形成的三角形」都是「等腰直角三角形」（下圖中的紅色三角形）。泰利斯巧妙地利用了金字塔的影子長度＋金字塔底邊長度的一半（下圖中的A＋B）與金字塔的高度相等的特性。

數學上還有一個以泰利斯命名的定理：「直徑所對的圓周角為直角。」泰利斯定理（Thales' theorem）的逆定理同樣成立：「直角三角形中，直角的頂點在以斜邊為直徑的圓周上。」

從影子長度得知高度

據說泰利斯曾將棒子直立在地面上，當棒子的影子長度與棒子高度相等時，利用金字塔的影子長度＋金字塔底邊長度的一半（圖中的A＋B）與金字塔的實際高度相等（等腰直角三角形）的特性來求得金字塔的高度。

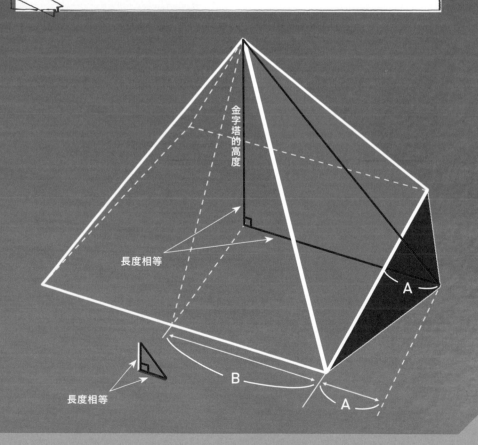

金字塔的高度

長度相等

長度相等

B

A

A

只要善用「角度」，就能測量地球的周長

西元前的人們使用什麼方法來測量地球呢？

三角函數不僅與三角形有關，還與「角度」有關。

古希臘的學者埃拉托斯特尼（Eratosthenes，西元前275年左右～西元前194年左右）先計算出埃及古城賽伊尼（Syene，今日的亞斯文Aswan）與亞歷山卓城（Alexandria）之間的距離約為920公里。然後，又在夏至正午時分別測量了這兩個城市的太陽仰角（solar declination），發現兩者間存在7.2°的差距。**這意謂著地球的中心與這兩個城市之間形成的弧（圓周的一部分）的圓心角（central angle）為7.2°，而弧的長度為920公里**。當我們把弧的圓心角代換為360°時，其長度正好等於地球的周長。^{編註}

因此，埃拉托斯特尼計算出：地球的周長（圓周）＝920公里×（360°÷7.2°）＝46000公里。實際的地球周長約為40,000公里。考慮當時技術上的限制，這可說是令人驚嘆的精確度。

測量地球周長的方法

埃拉托斯特尼發現，在夏至正午時，太陽光能夠直射到位於北回歸線上的賽伊尼城中深井底部（即太陽在井口正上方）。於是同樣在夏至正午時刻，他測量賽伊尼正北方（實際上經度偏西約3度）的亞歷山卓城方尖碑（也有人說是日晷）投下的影子角度，確認太陽仰角相對於正上方天頂位置偏了7.2°。憑藉這個角度與兩城市之間的距離，他成就了人類史上首次計算出地球周長（環繞南北極）的壯舉。

編註：古希臘時的人們已知地球呈球狀，因為「夏至正午時，希臘的太陽不會位於正上方，埃及的太陽卻位於正上方，陽光能夠照到深井底部」。當時的人們便由此推論地球表面不是平的，而是圓的。

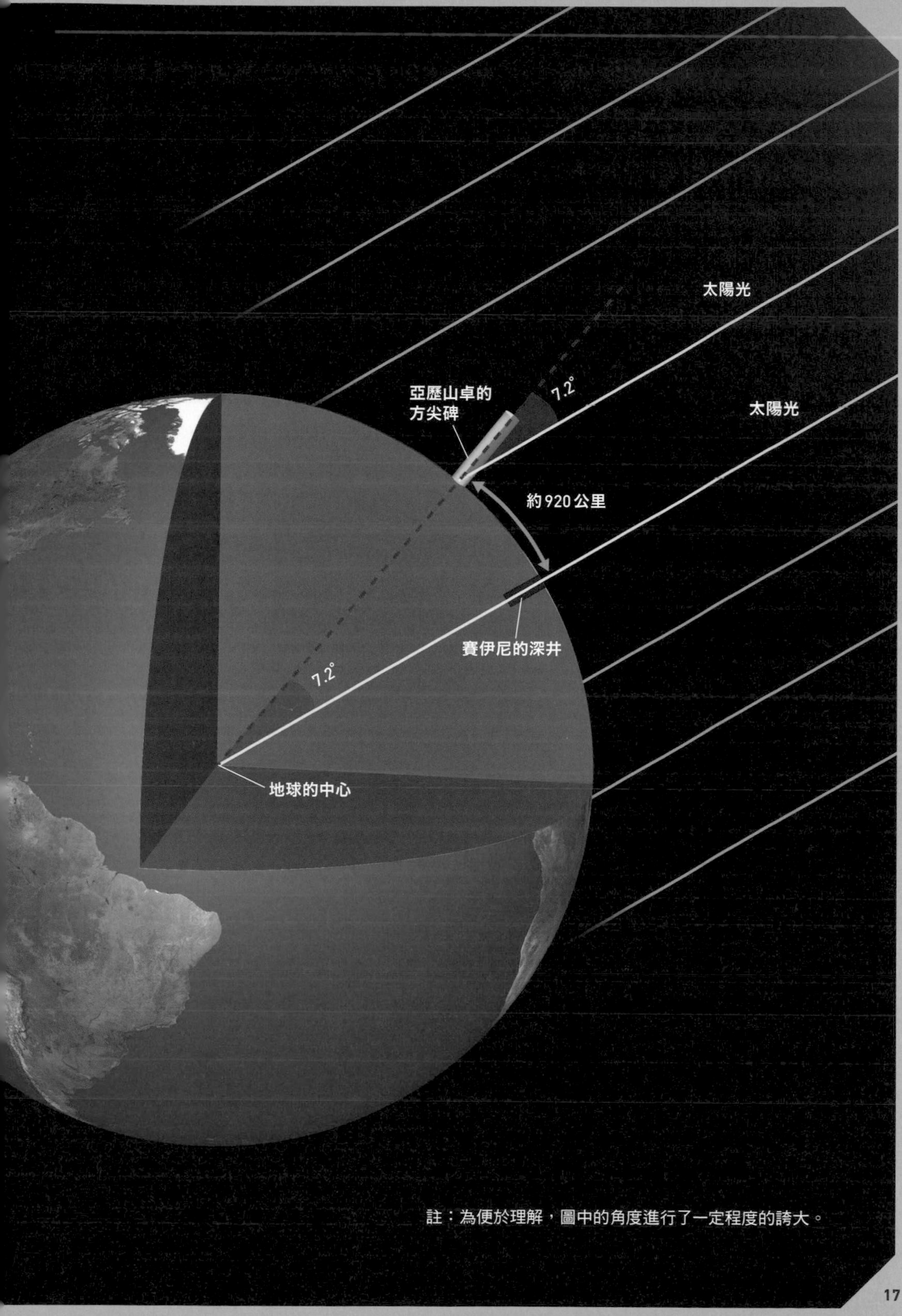

太陽光

太陽光

亞歷山卓的
方尖碑

7.2°

約920公里

賽伊尼的深井

7.2°

地球的中心

註:為便於理解,圖中的角度進行了一定程度的誇大。

用在古代測量中的 「3：4：5直角三角形」

只用繩子就可以輕鬆作出直角！

與三角形等幾何圖形有關的數學稱為「幾何學」。據說，幾何學是由古埃及時期的土地測量知識發展而來。

幾何學的英文為geometry，該字原本的意思為「測量土地或地球」。**據說古代人在土地測量等活動中使用邊長比為「3：4：5」的三角形**※。他們發現，只要在繩子上做出等間隔的結，並用這根繩子排出三邊的繩結間隔數為「3：4：5」的三角形，就可以準確地重現直角（90°）的角度，藉此將土地劃分為包含直角的正方形、長方形和直角三角形，使得土地面積的測量更加方便。

古代人就像這樣，巧妙地利用三角形的性質進行土地測量。

※：目前尚未發現古埃及人實際使用繩結間隔數比例為3：4：5的繩子進行土地測量的記錄。

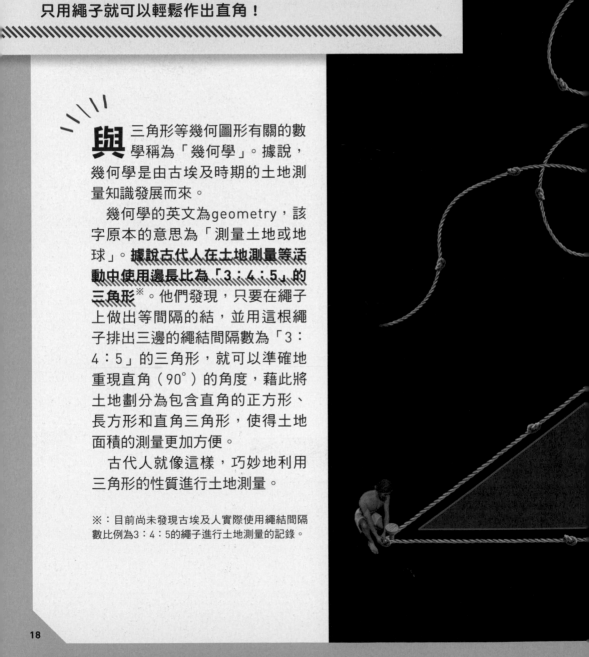

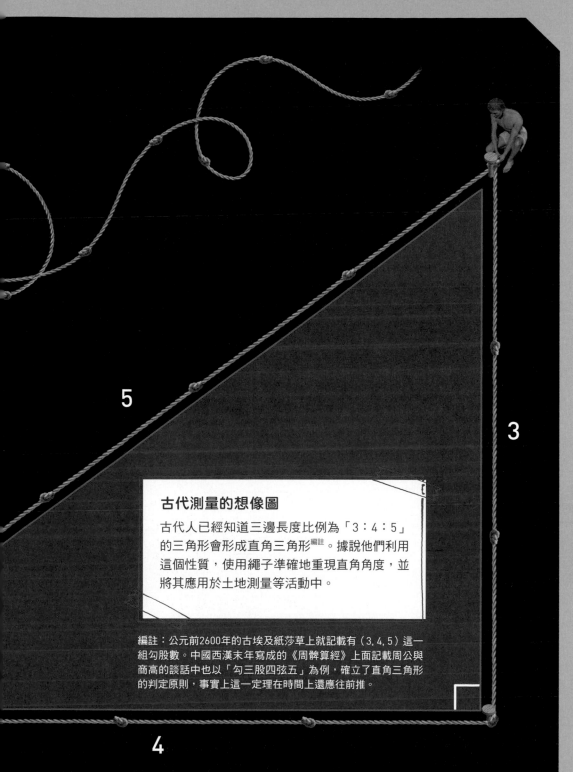

5

3

古代測量的想像圖

古代人已經知道三邊長度比例為「3：4：5」的三角形會形成直角三角形[編註]。據說他們利用這個性質，使用繩子準確地重現直角角度，並將其應用於土地測量等活動中。

編註：公元前2600年的古埃及紙莎草上就記載有（3, 4, 5）這一組勾股數。中國西漢末年寫成的《周髀算經》上面記載周公與商高的談話中也以「勾三股四弦五」為例，確立了直角三角形的判定原則，事實上這一定理在時間上還應往前推。

4

Coffee Break

古巴比倫的黏土板
可能是世界上最古老的
「三角函數表」

右 頁的照片是西元前1900年至前1600年的古巴比倫王朝時期的一塊黏土板。這塊黏土板上用楔形文字記載了15種直角三角形的邊長與比例。這些都是滿足$a^2 = b^2 + c^2$的自然數組（畢達哥拉斯數）。

此黏土板自發現以來，普遍被當成是畢達哥拉斯數的表格來看待。然而，根據2017年11月的一篇論文[1]指出，**這塊黏土板可能也是世界上最古老的「三角函數表」（trigonometric table）**。

所謂三角函數表，是表示各種不同角度的直角三角形，其邊長之間比例的表格。這塊黏土板上記錄了15種角度不同的直角三角形的邊長以及邊長比的平方值，相當於一個三角函數表。如果這是事實，那麼它將取代古希臘時期的「弦表」（table of chords）[編註]成為最古老的三角函數表，且將這個紀錄往前回溯超過1500年。

根據2021年8月的一篇論文[2]指出，**這張表似乎被古巴比倫人用於土地劃分等用途上**。然而，由於巴比倫數學中並不存在角度的概念，是否應該將這張表稱為三角函數表仍存在爭議。無論如何，可以確定的是，古代文明的生活中已經融入了三角函數的基本概念。

※1：Plimpton 322 is Babylonian exact sexagesimal trigonometry, Historia Mathematica（2017）
※2：Plimpton 322: A Study of Rectangles, Foundations of Science（2021）
編註：弦表由古希臘天文學家托勒密（Ptolemy）所創建，列出了從0.5°到180°圓心角與對應的弦長，是一種三角函數表，用於數理天文學的計算工作。

古巴比倫的黏土板

這塊黏土板被稱為「普林頓 322」（Plimpton 322），於1900年代初在伊拉克南部發現。它的寬度約13公分，高度約9公分，厚度約2公分，右邊的一部份和左側已經缺失。黏土板上以楔形文字記錄了60進制的數字，共4行和15列。最右行中記錄了從1到15的數字，從右到左第2行記錄了直角三角形的斜邊長度 d，第3行記錄了最短邊長 s。最左行無法完全辨認，但被認為是 $\left(\frac{d}{l}\right)^2$ 的值，l 是介於 d 與 s 之間的邊長。以現在的概念來說，這個值相當於正弦的倒數的平方值。

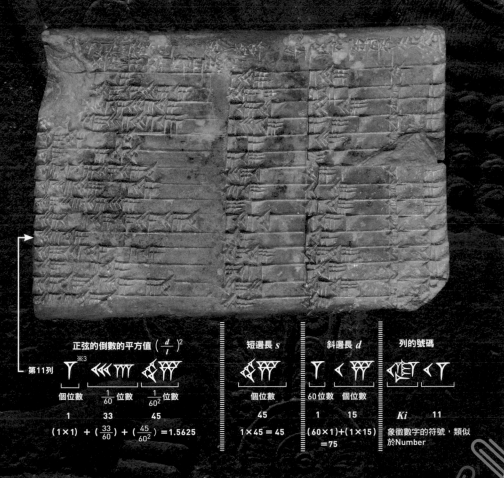

正弦的倒數的平方值 $\left(\frac{d}{l}\right)^2$ ※3			短邊長 s	斜邊長 d		列的號碼	
個位數	$\frac{1}{60}$ 位數	$\frac{1}{60^2}$ 位數	個位數	60 位數	個位數		
1	33	45	45	1	15	*Ki*	11
$(1 \times 1) + \left(\frac{33}{60}\right) + \left(\frac{45}{60^2}\right) = 1.5625$			$1 \times 45 = 45$	$(60 \times 1) + (1 \times 15)$ $= 75$		象徵數字的符號，類似於Number	

第11列

※3：由於黏土板的部分缺失，無法直接從黏土板上讀取這些數字，因此這裡給定預估值。

最重要的「畢氏定理」

為什麼3：4：5的三角形是直角三角形呢？

讓我們想像一個3：4：5邊長比的直角三角形，並以每一邊為邊長畫出三個正方形。觀察每個正方形的面積，我們會發現邊長為3的正方形面積為9，邊長為4的正方形面積為16，邊長為5的正方形面積為25。

比較這些面積時，你會發現一個有趣的規律。**如果將兩個**

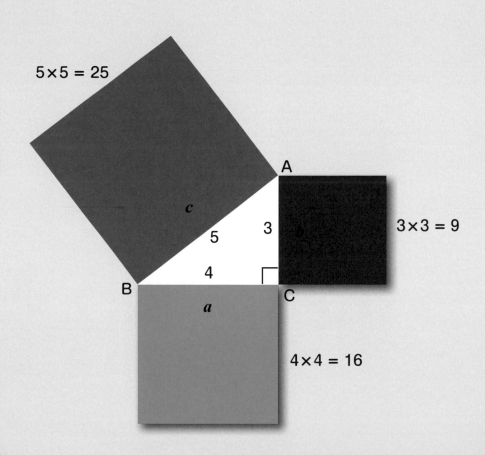

$5 \times 5 = 25$

$3 \times 3 = 9$

$4 \times 4 = 16$

A

B

C

c

3

5

4

a

小正方形的面積相加，其和會等於大正方形的面積。

這個規律不僅適用於「3：4：5」的情況，對於任何直角三角形都成立。相反地，如果一個三角形的三個邊長形成的三個正方形中，大正方形的面積等於兩個小正方形的面積之和，那麼這一定是一個直角三角形。

這就是所謂的「畢氏定理」

（Pythagoras' theorem）編註。畢氏定理與我們即將介紹的三角函數有著密切的關連。

編註：畢達哥拉斯死後一千年，5世紀的希臘哲學家普羅克勒斯（Proclus Lycius）把這個定理歸功於畢達哥拉斯，並且說他殺了一百頭公牛來慶祝，但目前沒有任何證據表明畢達哥拉斯發明了畢氏定理，而且以素食聞名的畢達哥拉斯殺牛更是不可思議。

畢氏定理

畢氏定理是指對於一個直角三角形ABC，令直角的兩邊BC和AC的長度分別為 a、b，斜邊AB的長度為 c，則方程式「$a^2+b^2=c^2$」便會成立的定理。符合畢氏定理的整數例子，比較典型的有邊長分別為「3、4、5」或「5、12、13」的直角三角形。另外，符合畢氏定理的整數被稱為「畢達哥拉斯數」。

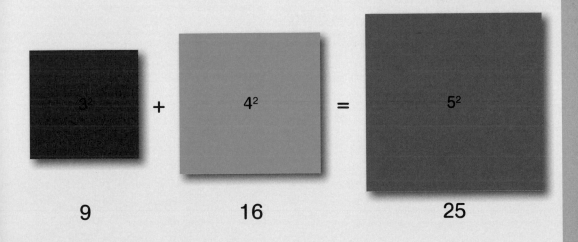

3^2 + 4^2 = 5^2

9   16   25

透過計算可以得知東京晴空塔上的視野範圍！

讓我們利用畢氏定理思考一下

只要利用畢氏定理，就可以算出從高度634公尺的東京晴空塔能夠觀測到的最遠距離。

從東京晴空塔的頂端畫出與地球表面（海平面）相切的線（與圓只有1個交點的線），這個交點（切點）即為能夠觀測到東京晴空塔的最遠地點（如右頁圖示）。由於圓（地球）的中心與切點之間的線具有必定與切線垂直相交的性質^{編註}，因此圓心、東京晴空塔的頂端和切點相連之後，會形成一個直角三角形。

由於地球半徑和東京晴空塔的高度為已經知道的數值，接下來只需要應用畢氏定理，就可以計算出所求的距離為「約90公里」。

編註：因為從圓心畫線與切線相交的點若在圓周上（切點），該線段即為圓的半徑；交點若在圓周外，該線段長度便大於半徑。而從某一點到某一直線的最短距離，是從該點畫垂直線到該直線的距離，因此圓心與切點連線的半徑必垂直於切線。

計算公式（單位為公里）
$$(6371 + 0.634)^2 = 6371^2 + (所求之距離)^2$$
$$所求之距離 = \sqrt{(6371 + 0.634)^2 - 6371^2}$$
$$= 89.88\cdots\cdots公里$$

0.634公里

所求之距離

地球的半徑
6371公里

地球的中心

計算得出的能夠看到
東京晴空塔的範圍

・宇都宮

・高崎

・銚子

約90公里

・蘆之湖

註：若處於高海拔地區，可以
看到更遠的距離。

三角函數能夠創造出精確的地圖

實際上只需測量最初的基線

大正時代製作的「一等三角網圖」

右下圖為連接日本各地主要三角點（一等三角點）的地圖。作為最初基線的「相模野基線」，長度約為5.2公里，是在明治時代測量的。一等三角網圖最後完成於大正時代。

從遠處能看見的山頂等地，存在著稱為「三角點」（trigonometrical point）的標記石柱或不鏽鋼棒。這些點是用來進行「三角測量」以製作精確地圖的基準點。**當一個三角形的「一邊長度和其兩端兩個角的角度」確定後，三角形的大小和形狀也就確定了。三角測量就是利用這個性質來進行測量。**

讓我們來解釋一下過程。首先，選定兩個基準三角點，測量它們之間連接的「基線」（base line）的長度（1）。接下來，在這兩個三角點的可視範圍中選定第三個三角點，並在另外一側選定第四個三角點（2）。然後，以第三個和第四個三角點之間的線段作為新的基準，繪製更大的三角形，並將其繪製在地圖上（3）。原則上，只要重複這個過程，就可以以最初的基線長度為基準，靠著測量角度，製作出範圍極廣且又精確的地圖（4）。

目前測量均改採衛星定位而不再使用傳統三角測量，原埋設的三角點大多已失去原用途，但有部分「標石點位」改為「衛星控制點」的用途。

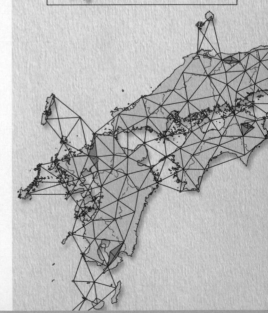

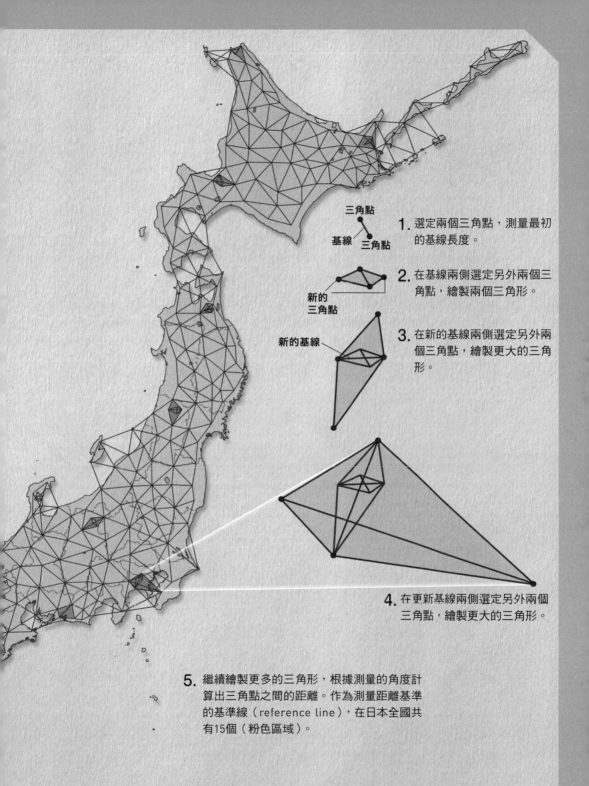

1. 選定兩個三角點，測量最初的基線長度。

2. 在基線兩側選定另外兩個三角點，繪製兩個三角形。

3. 在新的基線兩側選定另外兩個三角點，繪製更大的三角形。

4. 在更新基線兩側選定另外兩個三角點，繪製更大的三角形。

5. 繼續繪製更多的三角形，根據測量的角度計算出三角點之間的距離。作為測量距離基準的基準線（reference line），在日本全國共有15個（粉色區域）。

註：插圖是依據日本國土地理院提供的「一等三角網圖」修改而成。擇捉島上也有最初的基線，但因缺乏足夠的位置資訊，故未顯示於圖中。

三角函數中的「函數」到底是什麼？

話說回來，三角函數中的「函數」是什麼意思呢？讓我們以買東西計算價格作為例子。假設 1 盒蛋的價格為100元，且買 x 盒的總價為 y 元，這個關係可以用方程式 $y = 100x$ 來表示。

這裡的 x 和 y 都是可變數字，我們稱為「變數」（variable）。例如，如果我們買了 1 盒蛋，則 $x = 1$，所以 $y = 100$ 元；如果買了 2 盒，則 $x = 2$，所以 $y = 200$ 元。我們可以看到，總金額 y 會根據蛋的數量不同而改變。

像上述這樣，當存在兩個變數，且其中一個變數的值確定時，另一個變數的值也會跟著確定，這種對應關係稱為「函數」。在上面的例子中，根據變數 x 的值，可以確定另一個變數 y 的值，因此我們可以說「y 是 x 的函數」。

我們可以將函數想像成一個神奇的容器，當我們放入一個數字時，它會進行某種計算並輸出計算結果（如右頁圖示）。

在第 2 章中將詳細介紹的三角函數也是如此，比如「$y = \sin\theta$」這個函數，會根據表示角度的變數 θ，輸出一個對應的數值。例如，在上面的式子中，如果我們代入 $\theta = 30°$，則 $y = \sin 30° = \frac{1}{2}$，這時另一個變數 y 的值就確定了。

函數的英文稱為「function」。function 一詞最初的含義是「功能」或「作用」。這個詞的使用起源於微積分的開創者之一，萊布尼茲（Gottfried Wilhelm (von) Leibniz，1646～1716）。一般會以英文字母 f 表示函數，並把 x 依據函數 f 的對應規則所得到的值寫作 $f(x)$。

中文的「函數」一詞由清朝數學家李善蘭（1810～1882）譯出。其《代數學》書中解釋：「凡此變數中函（包含）彼變數者，則此為彼之函數。」

函數的概念

$$x \longrightarrow \boxed{函數 \quad y = f(x)} \longrightarrow y$$

具體的函數範例

$$x = 1 \longrightarrow \boxed{y = 3x + 2} \longrightarrow y = 5$$
$$x = 2 \longrightarrow \phantom{\boxed{y = 3x + 2}} \longrightarrow y = 8$$

$$x = 1 \longrightarrow \boxed{y = x^{100}} \longrightarrow y = 1$$
$$x = 2 \longrightarrow \phantom{\boxed{y = x^{100}}} \longrightarrow y = 1.267\cdots \times 10^{30}$$

$$\theta = 30° \longrightarrow \boxed{y = \sin \theta} \longrightarrow y = \frac{1}{2}$$
$$\theta = 45° \longrightarrow \phantom{\boxed{y = \sin \theta}} \longrightarrow y = \frac{\sqrt{2}}{2}$$

2

這樣就能理解
三角函數

要學習三角函數，首先得先了解正弦、餘弦
和正切函數。這些函數有什麼特點？在哪些
情境下有用呢？在這個章節裡，我們將簡單
地介紹三角函數的基礎知識。

古希臘的天文學孕育了三角函數

如何準確記錄星星的位置？

「弦」與「圓心角」

將「仰望星星的角度」的 2 倍稱為圓心角，此時弦長度的一半即為「星星的高度」。

仰望星星的角度

西元前的古希臘時期，人們已經創造了三角函數的基本理念。為了日常生活和農耕，除了土地測量外，一套準確的曆法也是不可或缺的。**而為了製作曆法，需要準確地記錄天球上星星的位置。**

例如，天球^{編註}上的星星「距離地面的高度」是無法直接測量的。因此，當時的天文學家利用「仰望星星的角度」與「弦（連接天球圓周上兩點的線段）」之間的關係進行測量。**當仰望星星的角度確定，對應的弦的長度也就跟著確定。** 再藉由知道天球的大小，就可以透過比例關係計算出星星「距離地面的高度」。這樣的想法，成為現代三角函數的奠基石。

編註：天球是一個與地球同球心，並有相同自轉軸，半徑無限大的想像球，上面鑲著太陽以外的所有星星。天球一天會旋轉約361度，也就是轉一圈又約1度。因為每天會多旋轉1度，所以隔天同一時間的星座位置會與今天稍有不同。一年以後，星座才會回歸原本的位置。古代天文學家在觀測出「仰望星星的角度」後，利用三角學與弦表計算星星在天球上的正確位置。

三角函數與天文學

圖中是一位正在觀察星星的人。為了記錄星星在天球上的運動和位置，了解「仰望星星的角度」和對應的弦長度之間的關係就相當重要。

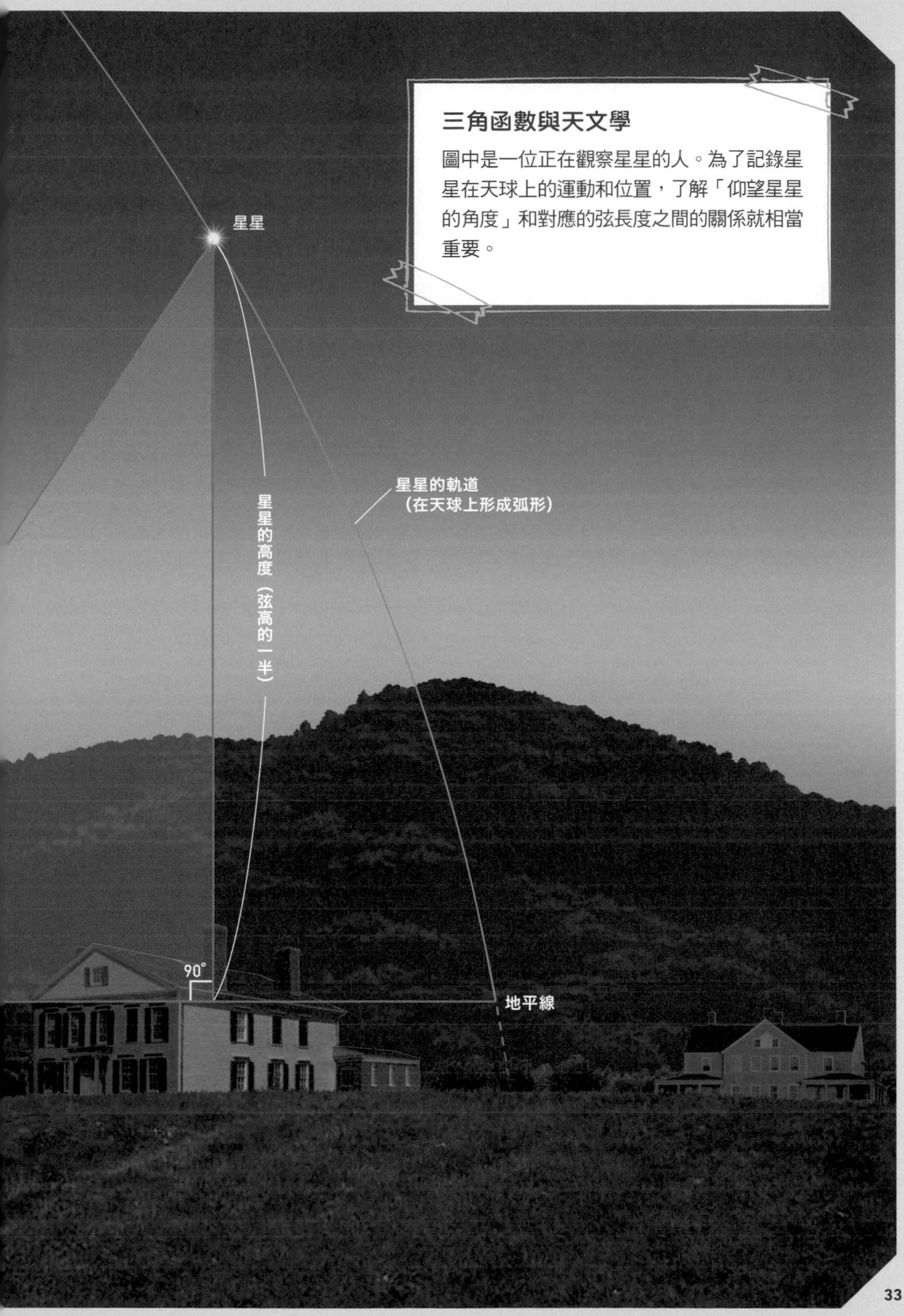

星星

星星的軌道
（在天球上形成弧形）

星星的高度（弦高的一半）

90°

地平線

正弦、餘弦、正切，到底是什麼？

它們都是在給定一個角度後，才能決定相對應的數值

正弦、餘弦、正切，都是**根據所給定的「某個角度」來決定相對應數值的函數。**

正弦（sine）的符號是「sin」。對於直角三角形的銳角 θ（用來表示角度的希臘字母），它的值被寫為 $\sin\theta$，定義為「直角三角形的高除以斜邊長」（右圖中的 $\frac{a}{c}$）。

餘弦（cosine）的符號是「cos」。對於直角三角形的銳角 θ，它的值被寫為 $\cos\theta$，定義為「直角三角形的底邊長除以斜邊長」（右圖中的 $\frac{b}{c}$）。

正切（tangent）的符號是「tan」。對於直角三角形的銳角 θ，它的值被寫為 $\tan\theta$，定義為「直角三角形的高除以底邊長」（右圖中的 $\frac{a}{b}$）。

若非直角三角形時，$\sin\theta$ 的定義為「θ 角的對邊長除以斜邊長」；$\cos\theta$ 的定義為「θ 角的鄰邊長除以斜邊長」；$\tan\theta$ 的定義為「θ 角的對邊長除以鄰邊長」。

c

a

b

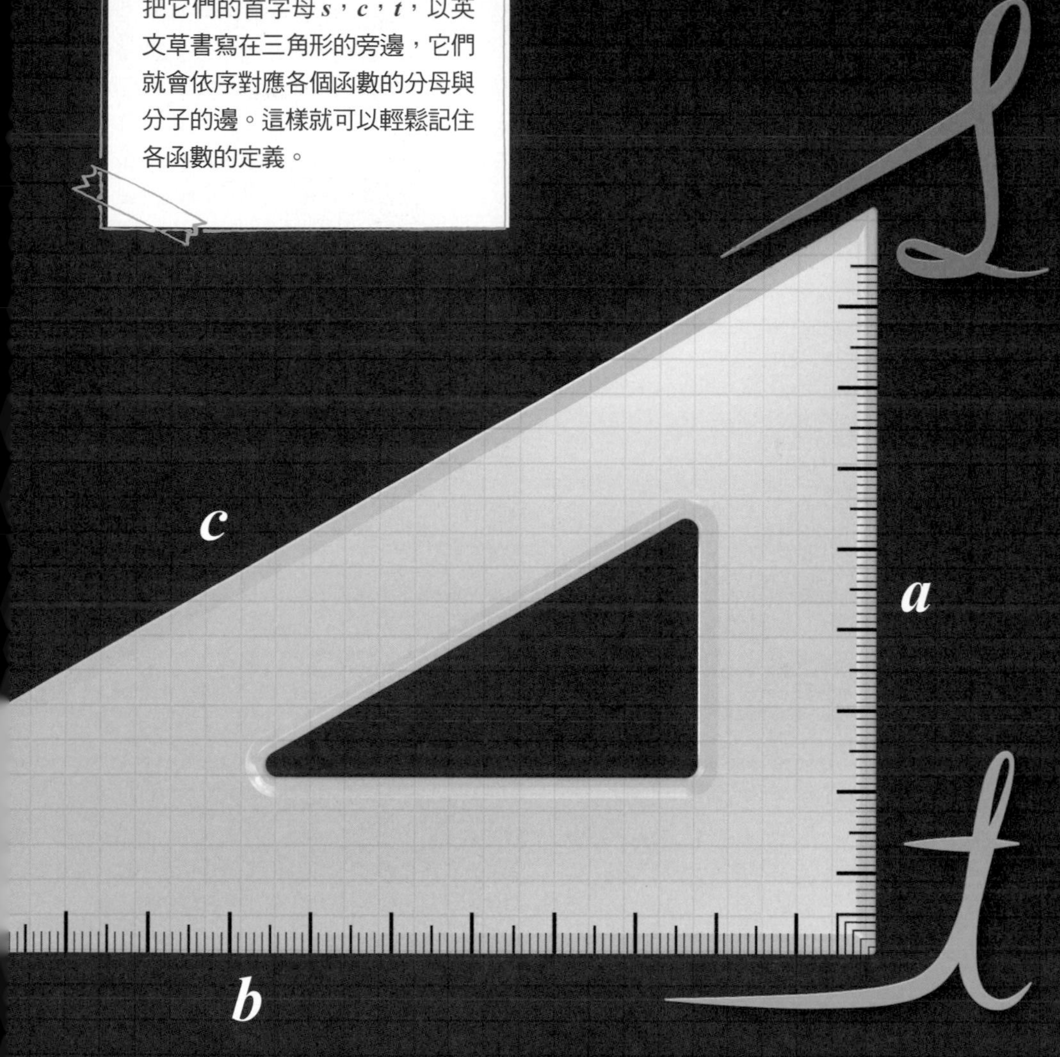

$$\sin\theta = \frac{a}{c} \qquad \cos\theta = \frac{b}{c} \qquad \tan\theta = \frac{a}{b}$$

只要測量角度，便可得知邊長！

**事先計算三角函數的值
並整理成三角函數表**

對於常見的三角形，我們可以自行計算出其正弦、餘弦和正切的值。但是，例如 $\theta = 15°$ 的情況下，三角函數的值並無法這麼容易計算。

因此，人們事先計算了各種角度對應的三角函數值，並將其整理成「三角函數表」。**使用三角函數表時，只需知道直角三角形的銳角 θ 和一邊的長度，就能根據三角函數表中 θ 角對應的數值，快速計算得知其他邊的長度。**在電子計算機出現之前，三角函數表對於導航、科學和工程是不可少的。現在我們所使用的三角函數表誕生於歐洲，由蘇格蘭的納皮爾（John Napier，1550～1617）製作而成。

在下一頁中，我們將更詳細地介紹正弦、餘弦和正切，並具體展示三角函數表的實際應用方法。

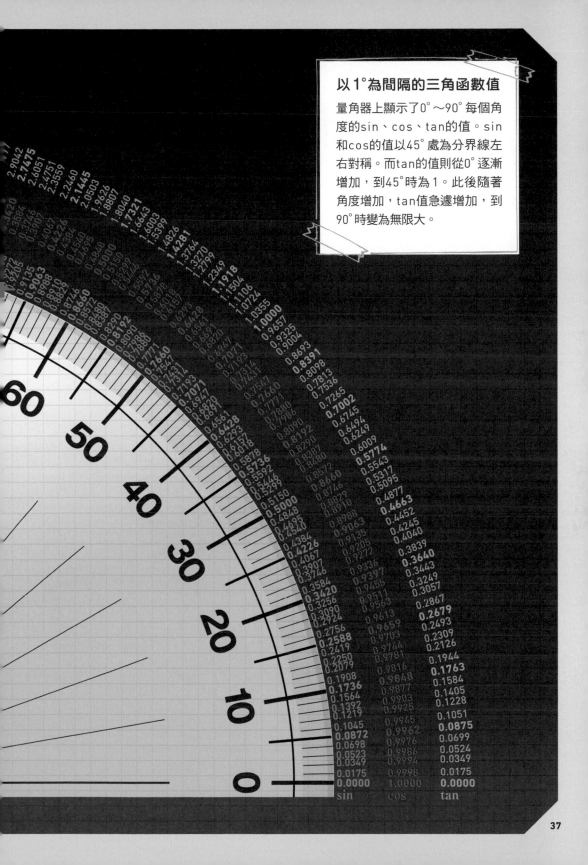

量角器上顯示了0°～90°每個角度的sin、cos、tan的值。sin和cos的值以45°處為分界線左右對稱。而tan的值則從0°逐漸增加，到45°時為1。此後隨著角度增加，tan值急遽增加，到90°時變為無限大。

第一個三角函數「正弦」

用圓規和直尺,來測量「正弦」的值吧!

如何用圓規和直尺測量正弦的值?

右圖描繪了使用圓規和直尺測量正弦值的方法。對於直角三角形的一個銳角 θ,其[高] ÷ [斜邊長]的值就是 $\sin\theta$(如下圖)。

首先,讓我們來談談正弦。請看右邊的直角三角形。**對銳角 θ 而言,正弦的值被寫作 $\sin\theta$,它被定義為「直角三角形的高除以斜邊長度的值」。**如果斜邊的長度是1,高就會等於 $\sin\theta$ 的值。另外,把斜邊長乘上 $\sin\theta$,就能得到高。

讓我們來實際測量看看「θ = 30°時的正弦值」。首先讓我們用圓規在紙上,以半徑10公分的圓形軌跡,從圓規正右方的點(轉動的起始點A)開始,逆時針編註方向旋轉30°。這時,若是我們用尺測量鉛筆尖端點B的高度(紅色粗線),會發現這個高度恰好是5公分。

將這個高度除以半徑,我們會得到「0.5」,正好是 θ = 30°時的正弦值。在數學上表示為「$\sin 30° = 0.5 (= \frac{1}{2})$」。

編註:用弧度度量有標示起始邊與終邊的角,逆時針方向的度量是正角,而順時針的度量是負角。

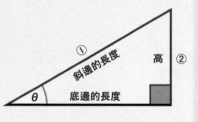

$$\frac{②}{①} = \frac{高}{斜邊的長度} = \sin\theta$$

斜邊的長度 × $\sin\theta$ = 高

正弦的分母→分子的順序,就像草寫「s」的筆劃順序一樣。

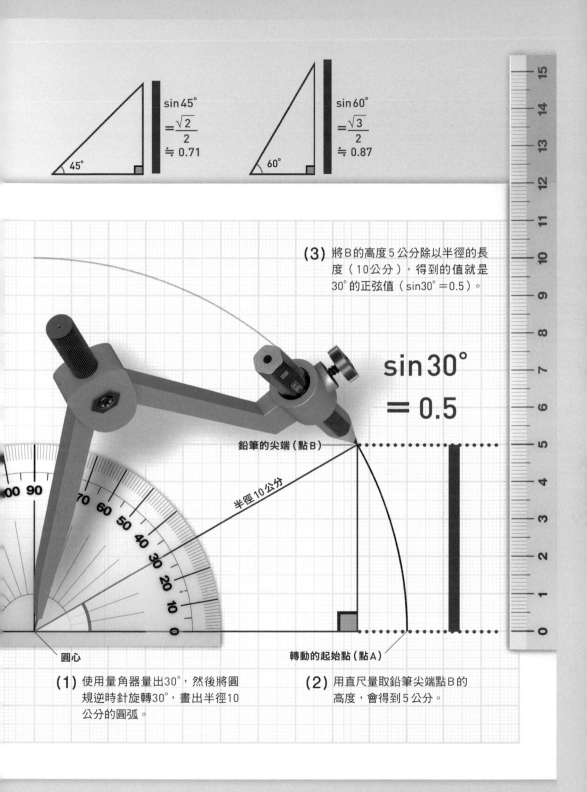

$$\sin 45° = \frac{\sqrt{2}}{2} \fallingdotseq 0.71$$

$$\sin 60° = \frac{\sqrt{3}}{2} \fallingdotseq 0.87$$

(3) 將B的高度5公分除以半徑的長度（10公分），得到的值就是30°的正弦值（sin30°＝0.5）。

$$\sin 30° = 0.5$$

鉛筆的尖端（點B）

半徑10公分

圓心

轉動的起始點（點A）

(1) 使用量角器量出30°，然後將圓規逆時針旋轉30°，畫出半徑10公分的圓弧。

(2) 用直尺量取鉛筆尖端點B的高度，會得到5公分。

正弦的值在這種時候派上用場！

利用正弦聰明的設置太陽能板

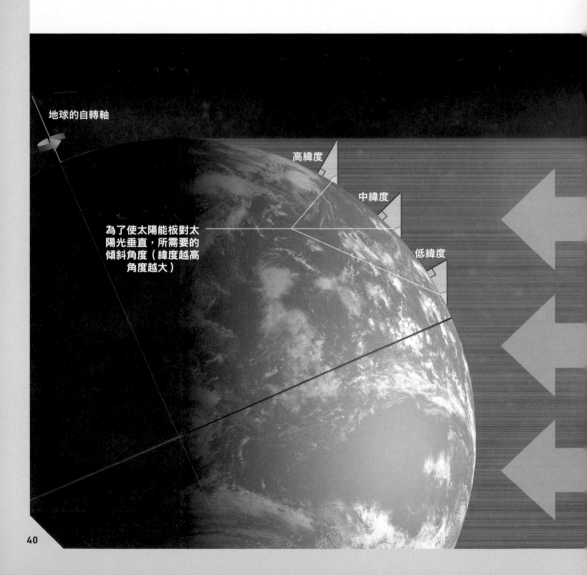

地球的自轉軸

高緯度

中緯度

為了使太陽能板對太陽光垂直，所需要的傾斜角度（緯度越高角度越大）

低緯度

求出正弦的值，究竟在什麼時候能發揮作用呢？

舉例來說，在設置太陽能板時，就會使用到正弦。太陽能板的理想設置角度是能夠正面接收陽光的角度。而太陽光照射的角度（太陽仰角）[編註]一般隨著緯度的增加而減小，隨著緯度的減小而增大。因此，根據設置區域的緯度，就可以決定太陽能板應該傾斜的角度。例如在東京（北緯36度），理想上應該要將太陽能板朝向南方，並以30°左右的角度傾斜安裝。若在臺北（北緯25度），則以20°左右的角度傾斜安裝。

那麼，該如何將太陽能板傾斜到30°呢？這就是正弦值發揮作用的時候了。我們將在下一頁詳細介紹。

編註：由於地球自轉軸傾斜約23°，繞太陽公轉時，太陽直射點並非一直正對著赤道，而是不斷變換位置，從每年的夏至到冬至，在北回歸線和南回歸線之間移動。

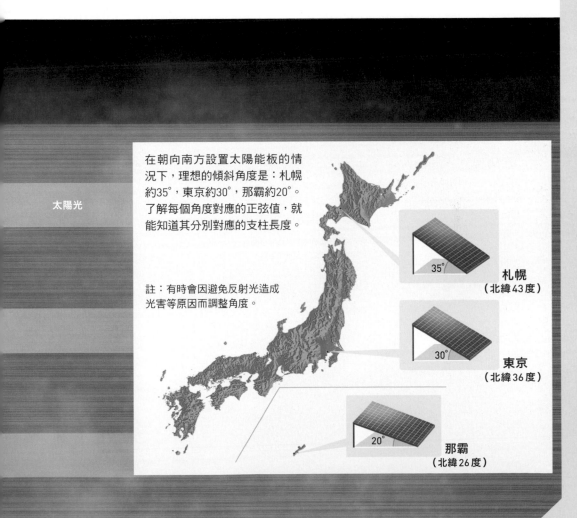

太陽光

在朝向南方設置太陽能板的情況下，理想的傾斜角度是：札幌約35°，東京約30°，那霸約20°。了解每個角度對應的正弦值，就能知道其分別對應的支柱長度。

註：有時會因避免反射光造成光害等原因而調整角度。

35°　札幌（北緯43度）

30°　東京（北緯36度）

20°　那霸（北緯26度）

正弦在太陽能板的設置中發揮巨大作用

如果要把一個寬度為 1 公尺的太陽能板
傾斜30°，該怎麼做呢？

了解正弦值，就知道適合的支柱長度

適合設置太陽能板的傾斜角度因緯度而異。若知道該角度對應的正弦值，就能確定將太陽能板傾斜設置所需的支柱長度。

在 設置太陽能板時，最適合的傾斜角度因各地的緯度而異。例如在東京（北緯36度），以30°左右的角度從地面傾斜設置太陽能板是最理想的。

那麼，若要將一個寬度為1公尺的太陽能板與地面傾斜30°設置，則架設在太陽能板背面上端，與地面垂直的支柱（如下圖），需要幾公尺長呢？

對於30°的角度，其正弦值（sin 30°）為0.5（第38～39頁）。換句話說，若太陽能板的長度為1公尺，那麼要將其傾斜30°設置，所需的支柱長度應該是太陽能板長度乘上0.5所得的「0.5公尺」（[斜邊長]×sin θ＝[高]）。

另外，可透過使用計算機^{編註}或查閱三角函數表（第36～37頁）來得知特定角度θ的正弦值。

編註：新型計算機上都設有sin、cos、tan等按鍵，只需按sin，再按30，最後按＝，便會顯示出0.5。

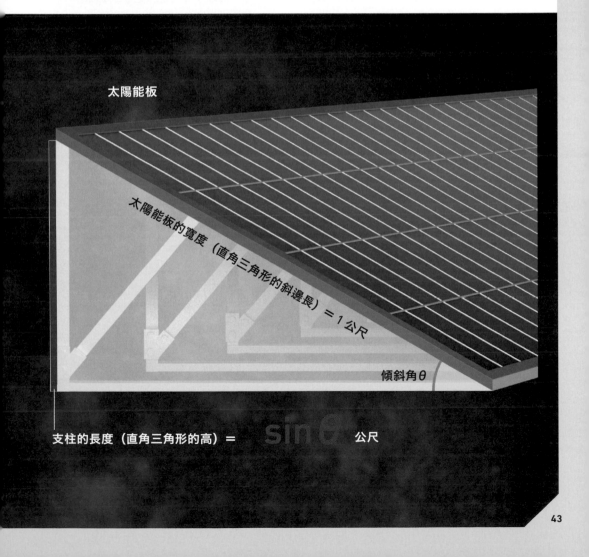

太陽能板

太陽能板的寬度（直角三角形的斜邊長）＝1公尺

傾斜角θ

支柱的長度（直角三角形的高）＝ sin θ 公尺

利用正弦，確立了世界共通的度量單位「公尺」

在正弦的諸多應用中，有一項十分方便的技術，那就是「三角測量」（第26～27頁）。

三角測量的原理是，先準確測量出「基線」的長度，接著只需測量其與新的點之間的角度，便能透過計算求得較長的距離。在這個計算過程中，使用到了正弦的重要公式「正弦定理」（詳述於第3章）。

1792年至1799年間，**確立全球通用的長度單位「公尺」的過程中所使用到的技術，正是三角測量**。當時由於各地區所使用的長度單位各不相同，對貿易和技術交流造成莫大的妨礙。有鑑於此，法國提出了以地球大小為基準的「公制」長度單位系統。

經過當時頂尖的科學家們討論後，最終決定將子午線※的4000萬分之1的長度定義為1公尺。然而，要測量整條子午線的長度是相當困難的，因此他們透過三角測量求得位於子午線上的法國北海岸的敦克爾克（Dunkirk）和西班牙的巴塞隆納（Barcelona）之間的距離，再以此為基礎計算出整條子午線的長度。

總測量距離約占子午線的40分之1，大約1000公里，經過7年（1792～1798）的時間才終於測量完成。之後在1875年簽署《公尺制公約》，並成立了國際計量局。1889年重新製作鉑銥合金的國際公尺原器（International prototype metre）。編註

※：子午線是指穿過地球北極和南極，環繞地球一整圈的圓。

編註：1960年第11屆國際計量大會決定放棄以公尺原器為標準的公尺定義，改採用氪86光譜作為計量依據，1公尺定義為氪86原子在2P10到5d5能級之間躍遷的輻射在真空中波長的1650763.73倍。1983年又將1公尺定義為「光在真空中於1/299792458秒內行進的距離」。

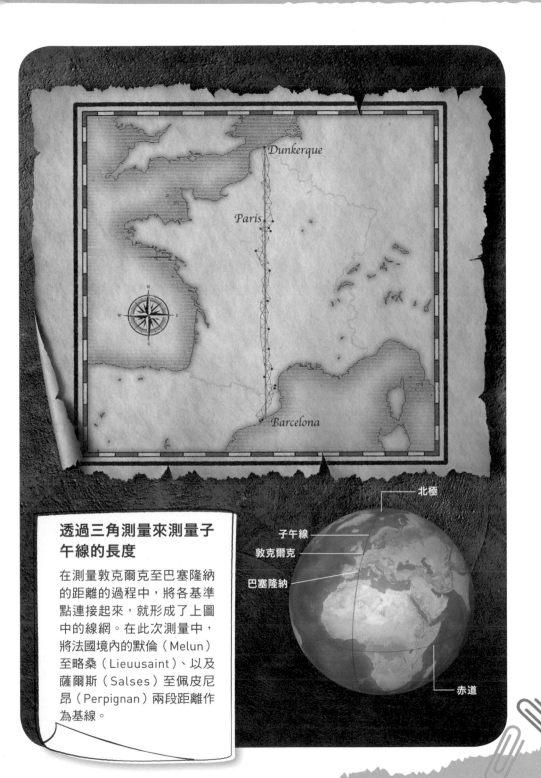

Dunkerque

Paris

Barcelona

北極

子午線

敦克爾克

巴塞隆納

赤道

透過三角測量來測量子午線的長度

在測量敦克爾克至巴塞隆納的距離的過程中,將各基準點連接起來,就形成了上圖中的線網。在此次測量中,將法國境內的默倫(Melun)至略桑(Lieuusaint)、以及薩爾斯(Salses)至佩皮尼昂(Perpignan)兩段距離作為基線。

第二個三角函數「餘弦」

用圓規和直尺，來測量「餘弦」的值吧！

如何用圓規和直尺測量餘弦的值？

右圖描繪了使用圓規和直尺測量餘弦值的方法。對於直角三角形的一個銳角 θ，其 ［底邊長］÷［斜邊長］的值就是 cos θ（如下圖）。

接 下來讓我們詳細介紹餘弦[編註]的概念。

對右頁直角三角形中的銳角 θ 而言，餘弦的值被寫作 cos θ，它被定義為「直角三角形的底邊長除以斜邊長的值」。 如果斜邊長度為1，那麼底邊的長度就是 cos θ 的值。此外，把底邊長乘以 cos θ，就能得到斜邊的長度。

讓我們來實際測量看看「θ ＝ 30°時的餘弦值」。首先讓我們用圓規在紙上，以半徑10公分的圓形軌跡，從圓規正右方的點（轉動的起始點 A）開始，逆時針方向旋轉30°。此時若我們測量鉛筆尖端的點 B 和圓心之間的橫向距離（綠色粗線），會得知這個距離應該約為8.7公分。將這個距離除以半徑的長度，得到的值為「約0.87」。

這數值就是 θ ＝ 30°時的餘弦值（$\cos 30° = \frac{\sqrt{3}}{2} \fallingdotseq 0.87$）。

編註：餘弦函數通常用於將斜線的距離轉換為水平距離，模擬週期性現象，例如聲波或光波或全年的溫度變化。

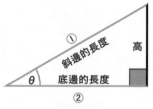

$$\frac{②}{①} = \frac{底邊的長度}{斜邊的長度} = \cos\theta$$

斜邊的長度 × $\cos\theta$ ＝底邊的長度

②→

餘弦的分母 → 分子的順序，就像寫「c」的筆劃順序一樣

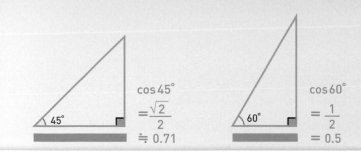

$$\cos 45° = \frac{\sqrt{2}}{2} \fallingdotseq 0.71$$

$$\cos 60° = \frac{1}{2} = 0.5$$

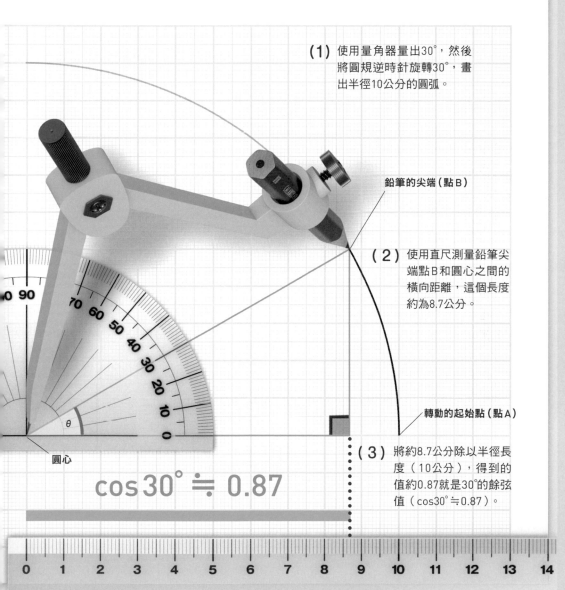

（1）使用量角器量出30°，然後將圓規逆時針旋轉30°，畫出半徑10公分的圓弧。

鉛筆的尖端（點B）

（2）使用直尺測量鉛筆尖端點B和圓心之間的橫向距離，這個長度約為8.7公分。

轉動的起始點（點A）

圓心

（3）將約8.7公分除以半徑長度（10公分），得到的值約0.87就是30°的餘弦值（cos30°≒0.87）。

cos 30° ≒ 0.87

伊能忠敬也使用了餘弦

隨身帶著三角函數表,在日本全國進行測量

將斜坡距離轉換為水平距離

利用餘弦的值,可以將斜坡處測得的距離轉換為水平距離。由於這個計算過程必須用到三角函數表,據說伊能忠敬時時刻刻將三角函數表帶在身上。

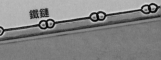

※收藏於千葉縣香取市伊能忠敬紀念館

伊能忠敬
(1745～1818)

1. 讓一人手握梵天(原為祭祀用器具,改用作測量標誌的標識)直立於斜坡上方,將象限儀(上緣與該人的眼睛等高)對準這個人的眼睛來測量坡度角。

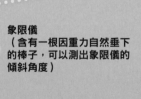

象限儀
(含有一根因重力自然垂下的棒子,可以測出象限儀的傾斜角度)

2. 使用「鐵鏈」等工具來測量斜坡上的距離。

鐵鏈

坡度角θ

在江戶時代，伊能忠敬（Inou Tadataka，1745～1818）創作了極其準確的日本地圖。而支撐他這一偉業的，是包含餘弦在內的三角函數。

伊能忠敬走遍了日本全國，耐心地測量兩個地點間的距離。為求精確，他使用了繩索和鐵鏈進行測量。**伊能忠敬始終隨身攜帶著「八線表」**[※]，**也就是現在所說的三角函數表（第36～37頁）。**

伊能忠敬在有坡度的地方，測量兩點間的距離，令它成為直角三角形的斜邊長度。他接著使用名為「象限儀」的器具測量坡度角，並在「八線表」中查找對應角度的餘弦值。然後，只要將該值乘以斜坡長度，即可得出地圖上的距離（水平距離）。

[※]：「八線」是指利用第一象限單位圓中所畫的八條線段，可用來表示三角函數中的正弦、餘弦、正切、餘切、正割、餘割、正矢、餘矢。1634年利瑪竇、徐光啟、李天經等人所撰的《崇禎曆書》中有「割圓八線表」。

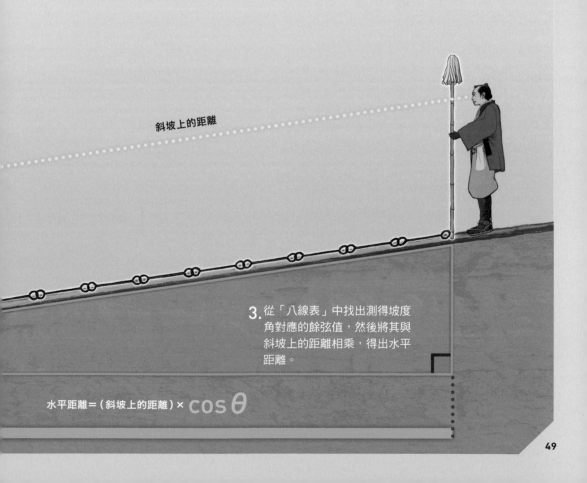

斜坡上的距離

3. 從「八線表」中找出測得坡度角對應的餘弦值，然後將其與斜坡上的距離相乘，得出水平距離。

水平距離＝（斜坡上的距離）× $\cos\theta$

第三個三角函數「正切」

用圓規和直尺，來測量「正切」的值吧！

右圖描繪了使用圓規和直尺來測量正切值的方法。對於直角三角形的一個銳角 θ，其 [高]÷[底邊長] 的值等於 $\tan\theta$（如下圖）。

接著我們來介紹正切。

對右頁直角三角形中的銳角 θ 而言，正切的值被寫作 $\tan\theta$，它被定義為「直角三角形的高除以底邊長的值」編註。如果底邊長度為 1，那麼高將等於 $\tan\theta$ 的值。

「$\theta=30°$ 時的正切值」的測量方法與正弦和餘弦有一點點不同。

使用圓規繪製半徑為 10 公分的圓，在其旋轉到 30° 時，在鉛筆尖端標記一個點。然後在圓心和該標記點的中間畫一直線，將其延伸至圓的起始點 A 正上方的點 B。接著測量點 B 距離圓的起始點 A 的高度。這時應該會發現，該長度約為 5.8 公分。若將其除以半徑的長度，得到的值為「約 0.58」。

這就是 $\theta=30°$ 時的正切值（$\tan 30° = \dfrac{1}{\sqrt{3}} \fallingdotseq 0.58$）。

編註：正切值在數值上與坡度（grade）相等，坡度＝正切值×100%。坡度常用於標記丘陵、屋頂和道路的陡峭程度。這個數值往往是以三角函數的正切函數的百分比或千分比數值來陳述，即「爬升高度除以在水平面上的移動距離」。

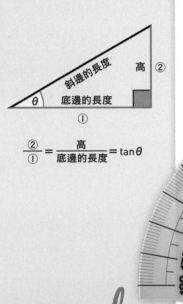

$$\frac{②}{①} = \frac{高}{底邊的長度} = \tan\theta$$

正切的分母→分子的順序，就像草寫「t」的筆劃順序一樣。

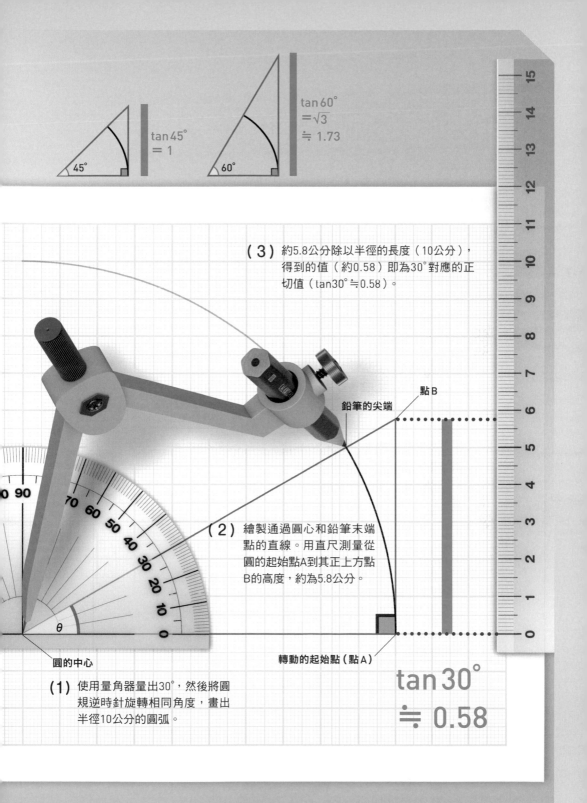

$$\tan 45° = 1$$

$$\tan 60° = \sqrt{3} \fallingdotseq 1.73$$

45°

60°

（3）約5.8公分除以半徑的長度（10公分），得到的值（約0.58）即為30°對應的正切值（tan30°≒0.58）。

點B

鉛筆的尖端

（2）繪製通過圓心和鉛筆末端點的直線。用直尺測量從圓的起始點A到其正上方點B的高度，約為5.8公分。

90

70 60 50 40 30 20 10 0

θ

圓的中心

轉動的起始點（點A）

（1）使用量角器量出30°，然後將圓規逆時針旋轉相同角度，畫出半徑10公分的圓弧。

$$\tan 30° \fallingdotseq 0.58$$

打造無障礙社會，十分需要正切

斜坡的傾斜程度可用正切的值來表示

在 建設無障礙社會時，正切的數值具有重要意義。為了讓老年人和殘障者能夠更便利的移動，先進國家將「無障礙法」視為都市規劃的基準。無障礙法將輪椅坡道的傾斜角度定義為「$\frac{1}{12}$ 以下」編註。**坡度$\frac{1}{12}$的意思是，相對於水平方向上一段長度為12的距離，垂直距離為1的坡度。實際上，這就是「正切」的值。**

若要知道正切值為$\frac{1}{12}$時的坡度是多少度，可參考三角函數表（第36～37頁）。$\frac{1}{12}$以小數表示約為0.0833。由於tan4°≒0.0699，tan5°≒0.0875。因此，我們知道想找的角度在4°到5°之間（更精確地說，約為4.8°）。根據規定，輪椅坡道的傾斜角度不得比這個角度更傾斜。

編註：臺灣《建築物無障礙設施設計規範》規定「無障礙坡道」的高低差20公分以上時，最大坡度為8.33%（$\frac{1}{12}$），高低差20公分以下時，坡度為10%（$\frac{1}{10}$）。

傾斜角30°

傾斜角θ

輪椅坡道的傾斜角度，其正切值應該要低於「$\frac{1}{12}$」。

根據規定，輪椅坡道的坡度（傾斜角的正切值）應該要低於$\frac{1}{12}$。傾斜角越大，其對應的正切值也會變大。

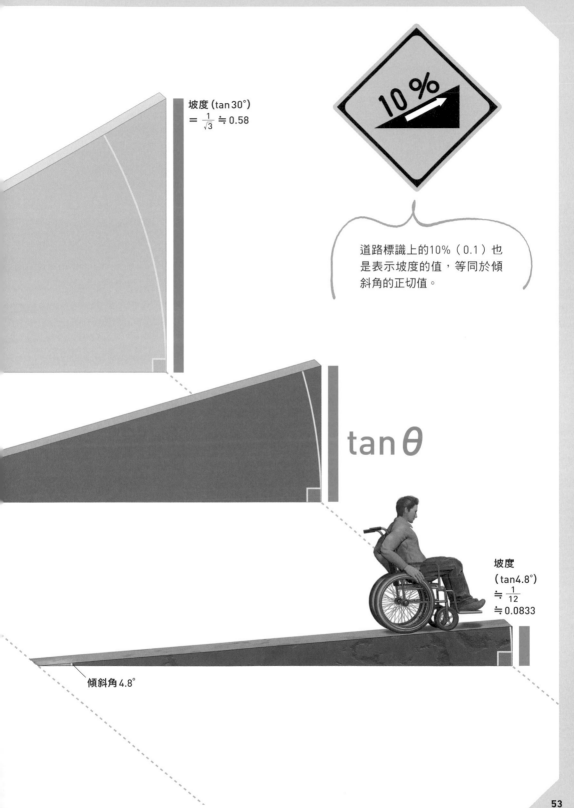

坡度（tan 30°）
$= \frac{1}{\sqrt{3}} \fallingdotseq 0.58$

10%

道路標識上的10%（0.1）也
是表示坡度的值，等同於傾
斜角的正切值。

$\tan\theta$

坡度
（tan 4.8°）
$\fallingdotseq \frac{1}{12}$
$\fallingdotseq 0.0833$

傾斜角4.8°

這裡距離東京晴空塔多少公尺？

只要知道仰角就能進行計算

假設在我們的視野範圍裡，有著像東京晴空塔這樣高度已知的建築物。這時，**若能知道我們看向晴空塔的頂端時的仰角，就可以利用正切函數來求得所在地到晴空塔的水平距離。**

仰角可以透過智慧型手機的應用程式[編註]輕鬆得知（如圖）。假設仰角為 θ，則根據正切的關係式，

$$\tan \theta = \frac{（晴空塔的高度－眼睛高度）}{與晴空塔的水平距離}，$$

因此我們與晴空塔的水平距離＝

$$\frac{（晴空塔的高度－眼睛高度）}{\tan \theta}。$$

若是其他已知高度的地點，例如某座山的山頂，也能用同樣的方法計算與目標物之間的水平距離。$\tan \theta$ 的數值可透過三角函數表（第36～37頁）或智慧型手機的計算機應用程式得知。

編註：類似應用程式有 Angle Finder、Angle Meter、Angle Pro、Angle Tool、Clinometer、iLevel、Protractor Edge。

$\theta = 35°$

眼睛高度
約 1.5 公尺

來計算到目標物的距離吧

對於高度已知的建築物，只要知道仰角，便能計算出直線距離。可用於測量仰角的智慧型手機應用程式包括iPhone的「測距儀」（Measure）應用程式和Android的「量角器」（Smart Protractor）應用程式等。

晴空塔的高度－眼睛高度
約 (634－1.5) 公尺

$$\tan\theta = \frac{\text{晴空塔的高度－眼睛高度}}{\text{與晴空塔的水平距離}}$$

與晴空塔的水平距離 約
903公尺

計算與晴空塔的水平距離的方法

$$\tan35° = \frac{(\text{晴空塔的高度－眼睛高度})}{\text{與晴空塔的水平距離}}$$

$$\text{與晴空塔的水平距離} = \frac{(\text{晴空塔的高度－眼睛高度})}{\tan35°} = \frac{(634－1.5)}{0.7002\cdots} \fallingdotseq 903\text{公尺}$$

55

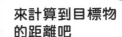

Coffee Break

畢達哥拉斯開啟的數學世界

古希臘數學家畢達哥拉斯（西元前582年左右～西元前496年左右）及其弟子們，**不僅證明了畢氏定理，還證明了三角形內角和必定為180°**。此外，他們還發現了五個正多面體（1）：正四面體、正六面體、正八面體、正十二面體與正二十面體。

1. 五個正多面體

正四面體
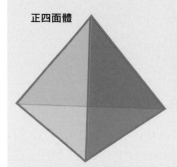

正六面體
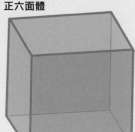

正八面體
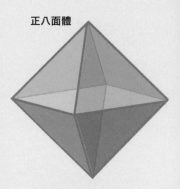

正十二面體
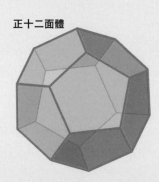

正二十面體
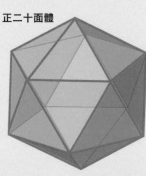

正多面體是指每個面都是全等的正多邊形，且每個頂點周圍的面數量相等所圍成的形體。正多面體也被稱為「柏拉圖立體」（凸正多面體），且透過證明得知，只存在上述的這5種[編註]。

編註：若只限定「每個面都是全等的正多邊形」所圍成的正多面體，不限定「每個頂點周圍的面數量相等」，則還有四種非凸正多面體、五種抽象正多面體與五種複合正多面體。

另外，他們還研究了所謂的「三角形數」（triangular number）與「正方形數（平方數）」（square number）。三角形數是指共用頂點且從上方由小到大連續等距離排列的等邊三角形中，形成每個三角形的點（紅點）的總數（**2**）。正方形數是指共用右上角頂點且由小到大連續排列的正方形中，形成每個正方形的點的總數（**3**）。

三角形數中，每個數字所增加的值都比前一次增加的值大 1，而正方形數則比前一次大 2。**畢達哥拉斯等人為世人開啟了有趣的數字天地。**

2. 三角形數

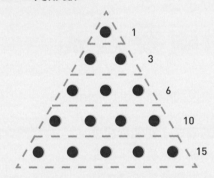

形成三角形的紅點總數隨著列數增加而增加：1，3，6，10，15，……以此類推。這些數字被稱為「三角形數」，第 n 個三角形數可表示為 $\dfrac{n(n+1)}{2}$。

3. 正方形數

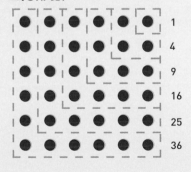

形成正方形的紅點總數隨著列數增加而增加：1，4，9，16，25，36，……以此類推。這些數字被稱為「正方形數」，第 n 個正方形數可表示為 n^2（因此也稱為平方數）。

3

如此方便！
三角函數的重要公式

三角函數中有許多不同的公式。即使看起來可能有些複雜，如果使用圖形來思考，就能很容易地理解它們。現在就讓我們來逐一介紹。在本章的末尾，還有一些練習題供你挑戰，請務必挑戰看看。

正弦和餘弦，是「一體兩面的關係」

正弦和餘弦之間的深刻連結是？

在直角三角形ABC中，若角C為直角，則當角B為 θ 時，斜邊是AB，對邊是AC，鄰邊是BC。

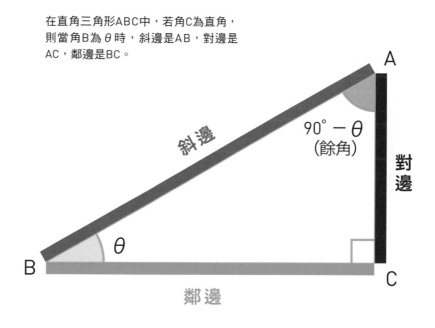

$$\sin \theta = \frac{對邊}{斜邊} = \frac{AC}{AB}$$

正弦、餘弦和正切等三角函數之間，實際上有著奇妙而深刻的關聯。

在左下角的直角三角形ABC中，我們稱與90°（直角）相對的邊AB為「斜邊」。然後，我們將焦點放在角B，並將其對邊AC稱為角B的「對邊」。剩下的邊BC稱為「鄰邊」。在這個直角三角形中，有兩個非直角的內角。由於內角之和為180°，所以我們知道另外兩個角的和為90°。對於其中一角（θ），另一個內角（90°－θ）稱為「餘角」（complementary angle）。這兩個角互為餘角，簡稱互餘。

其實，正弦也就是「餘角的餘弦」。換句話說，cos（90°－θ）＝ sin θ 是成立的（如右下）。同樣地，sin（90°－θ）＝cos θ 也成立，所以餘弦就是「餘角的正弦」。

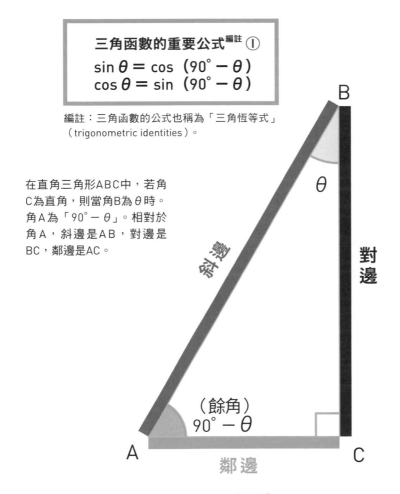

三角函數的重要公式[編註]①

$$\sin \theta = \cos(90° - \theta)$$
$$\cos \theta = \sin(90° - \theta)$$

編註：三角函數的公式也稱為「三角恆等式」（trigonometric identities）。

在直角三角形ABC中，若角C為直角，則當角B為θ時。角A為「90°－θ」。相對於角A，斜邊是AB，對邊是BC，鄰邊是AC。

B

θ

斜邊

對邊

（餘角）
90°－θ

A

鄰邊

C

$$\cos(90° - \theta) = \frac{\text{鄰邊}}{\text{斜邊}} = \frac{AC}{AB} = \sin \theta$$

連結正弦和餘弦的畢氏定理

正弦的平方加上餘弦的平方等於 1

如何將畢氏定理應用於三角函數？

斜邊為 1 的直角三角形，其高為 $\sin\theta$，底邊長為 $\cos\theta$。對於此直角三角形，根據畢氏定理[編註]，高^2＋底邊長^2＝斜邊長^2，因此 $\sin^2\theta + \cos^2\theta = 1$。

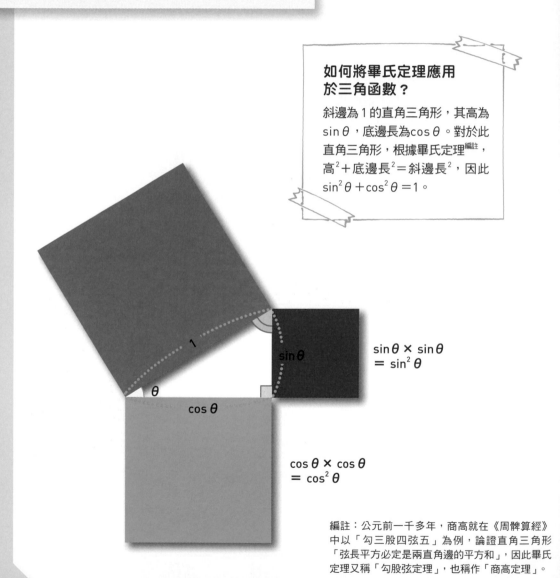

$\sin\theta \times \sin\theta = \sin^2\theta$

$\cos\theta \times \cos\theta = \cos^2\theta$

編註：公元前一千多年，商高就在《周髀算經》中以「勾三股四弦五」為例，論證直角三角形「弦長平方必定是兩直角邊的平方和」，因此畢氏定理又稱「勾股弦定理」，也稱作「商高定理」。

正 弦和餘弦之間，其實還有著更深刻的關聯。這種關聯就是我們在第22～23頁看到的「畢氏定理」。

由於畢氏定理在直角三角形中必定成立，所以正弦的平方加上餘弦的平方必然等於1（如下圖）。這也是將正弦和餘弦連結在一起的重要關係。

舉例來說，$\sin 30°$為$\frac{1}{2}$，所以$\sin 30°$的平方（寫作$\sin^2 30°$）$= (\frac{1}{2})^2 = \frac{1}{4}$。$\cos 30°$為$\frac{\sqrt{3}}{2}$，所以$\cos^2 30° = (\frac{\sqrt{3}}{2})^2 = \frac{3}{4}$。將$\sin^2 30°$和$\cos^2 30°$相加，則會得到$\frac{1}{4} + \frac{3}{4} = \frac{4}{4} = 1$。

> **三角函數的重要公式 ②**
> $$\sin^2 \theta + \cos^2 \theta = 1$$

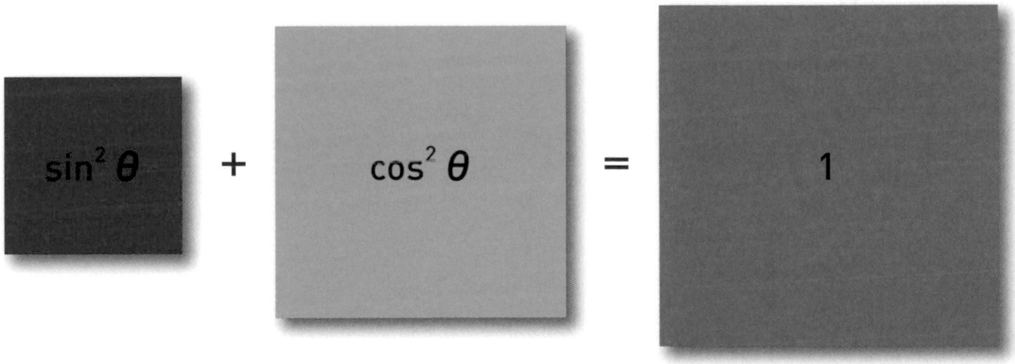

$$\sin^2 \theta \quad + \quad \cos^2 \theta \quad = \quad 1$$

$$\sin^2 \theta + \cos^2 \theta = 1$$

將正弦、餘弦、正切合而為一！

一旦知道sin、cos、tan中的一個，就能推算出其他兩個

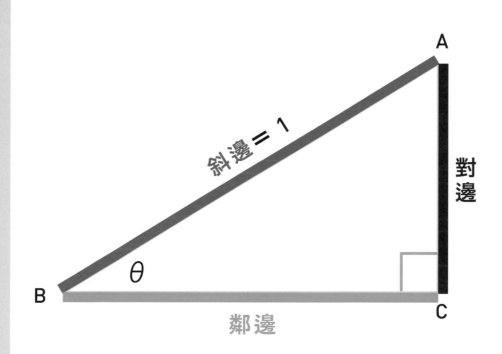

斜邊 ＝ 1

對邊

θ

B

C

A

鄰邊

如何將正切以正弦和餘弦表示？

斜邊長度為 1 時，直角三角形中的銳角 θ 的對邊（高）為 sin θ，鄰邊（底邊）長為 cos θ。因此，分數 $\frac{\sin\theta}{\cos\theta}$ 也等於 $\frac{對邊}{鄰邊}$ 的值。這也就是在第50～51頁所提到的正切函數本身的定義。因此，$\tan\theta = \frac{\sin\theta}{\cos\theta}$。

正 切和正弦、餘弦之間，也有一個重要的關係。

在左下圖中，如果直角三角形ABC中的角C為直角，且角B的大小為 θ。假設斜邊的長度為1，那麼對邊的長度為 $\sin\theta$，而鄰邊的長度為 $\cos\theta$。此時，由於正切的定義是 $\dfrac{對邊}{鄰邊}$，所以可以得到重要公式③。

這個公式是將正切以正弦和餘弦來表示的重要公式。只要結合這個式子和第62～63頁介紹的「$\sin^2\theta+\cos^2\theta=1$」，則**對於0°到90°的任意角度，知道正弦、餘弦、正切中的任意一個數值，就能推算出其他兩個數值。**

三角函數的重要公式 ③

$$\tan\theta=\frac{\sin\theta}{\cos\theta}$$

$$\sin\ \theta=\frac{對邊}{斜邊}=對邊（斜邊長 1）$$

$$\cos\ \theta=\frac{鄰邊}{斜邊}=鄰邊（斜邊長 1）$$

$$\tan\ \theta=\frac{對邊}{鄰邊}=\frac{\sin\ \theta}{\cos\ \theta}$$

以餘弦為主角的 「餘弦定理」

**適用於各種三角形，
畢氏定理的「擴充版」**

在三角函數的各個定理中，有一個被稱為「餘弦定理」。

餘弦定理是以餘弦為主角的定理。由三角形的三個角A、B、C，與各角的對邊（位於對面的邊）a、b、c，組成了右上方的「重要公式④」。

如果角C是直角，那麼cos90°＝0，所以－$2ab$cos$C$也等於0，這樣一來餘弦定理的第一個式子就變成「$c^2＝a^2＋b^2$」。這正是直角三角形中的畢氏定理的樣貌（第22～23頁）。

換句話說，畢氏定理是餘弦定理的一種特殊情況。反過來說，**餘弦定理不僅適用於直角三角形，而且適用於各種三角形，可以視為畢氏定理的「擴充版」**。

另外，若已知三角形的兩邊及其夾角，便可利用餘弦定理計算出已知角的對邊長度。若已知三角形的三邊，也可利用餘弦定理求出三個內角的角度。

餘弦定理

餘弦定理據說是由15世紀波斯的天文學家暨數學家卡西（Jamshid al-Kashi，1380～1429）發現的。當角C是直角（90°）時，餘弦定理與畢氏定理的式子是一致的。

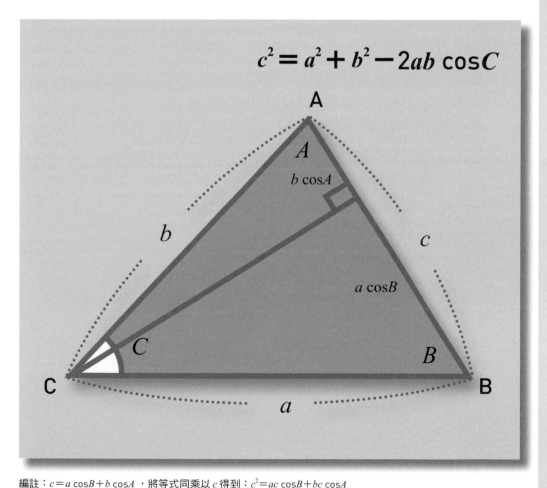

$$c^2 = a^2 + b^2 - 2ab \cos C$$

A

A

$b \cos A$

b

c

$a \cos B$

C

B

C

B

a

編註：$c = a \cos B + b \cos A$ ，將等式同乘以 c 得到：$c^2 = ac \cos B + bc \cos A$
運用同樣的方式可以得到：$a^2 = ac \cos B + ab \cos C$；$b^2 = bc \cos A + ab \cos C$
將 c^2 的右式取代：$c^2 = ac \cos B + bc \cos A = (a^2 - ab \cos C) + (b^2 - ab \cos C) = a^2 + b^2 - 2ab \cos C$

利用餘弦定理來求得
無法直接測量的距離

當已知三角形的兩邊與其中夾角時，
便可得知另一邊的長度！

AB之間的直線距離是多少？

AC之間的直線距離為500公尺，BC之
間的直線距離為800公尺。這兩條直線
道路在地點C處交叉的夾角為60°。藉
由這些資訊和餘弦定理，我們可以計
算出AB之間的直線距離為700公尺。

計算AB之間距離的方法（單位為公尺）
由於$C=60°$，所以$\cos C=\cos 60°=0.5$。
$a=800$，$b=500$，$\cos C=0.5$，將這些值代入餘
弦定理的式子中，就能求得我們想知道的距離c。

$$c^2 = a^2 + b^2 - 2ab\cos C$$
$$= 800^2 + 500^2 - 2 \times 800 \times 500 \times 0.5$$
$$= 640000 + 250000 - 400000$$
$$= 490000 = 700^2$$
$$c = 700 \text{公尺}$$

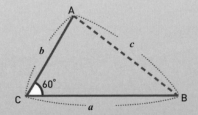

地點 C

AC之間的直線距離為500公尺

直線道路的
交叉夾角為
60°

餘弦定理在什麼情況下會派上用場呢？

在某個城市裡，有兩個地點A和B（如下圖）。由於AB之間有障礙物，因此無法直接測量兩點的直線距離。但若有兩條直線道路分別通過A和B並相交於C點，我們便可以直接量出AC與BC的距離，以及這兩條直線道路在C處交叉的夾角大小。只要有了這些資訊，我們就可以利用餘弦定理計算出AB之間的直線距離。

在三角形ABC中，角A、B、C的對邊分別為 a、b、c，其中 a 和 b 的長度已知，同時也知道夾角 c 的大小，可利用三角函數表查出或算出它的餘弦值cos C。

將 a、b 和cos C 這些值代入餘弦定理的式子中，便可以求得我們想知道的 c（的平方）的值。

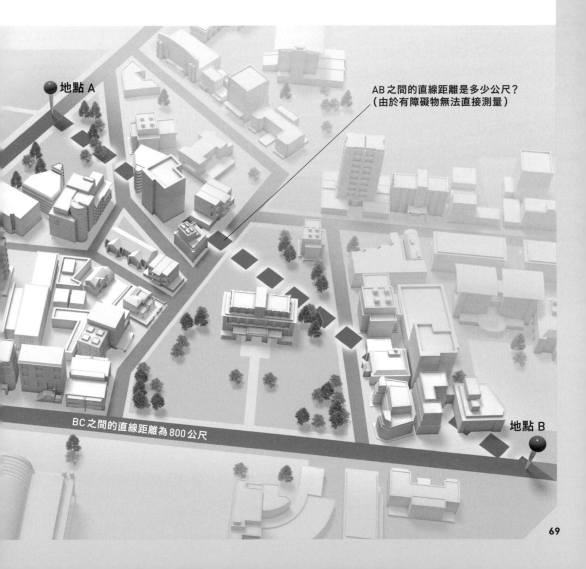

地點 A

AB 之間的直線距離是多少公尺？
（由於有障礙物無法直接測量）

BC 之間的直線距離為 800 公尺

地點 B

69

以正弦為主角的「正弦定理」

三角形每個角的「對邊長與正弦值的比」都相同！

正弦定理

據稱正弦定理是在10世紀左右由波斯數學家發現的。若將三角形ABC內接圓的半徑表示為 r，則
$$\frac{a}{\sin A} = \frac{b}{\sin B} = \frac{c}{\sin C} = 2r$$
一定成立。

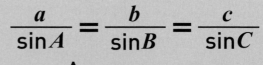

$$\frac{a}{\sin A} = \frac{b}{\sin B} = \frac{c}{\sin C}$$

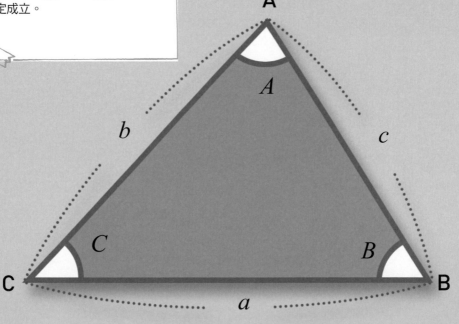

餘弦定理的主角是餘弦。同樣地，也有一個以正弦為主角的定理，稱為「正弦定理」。

三角形內角A、B、C的正弦值與各對邊長 a、b、c 組成了下圖中的「重要公式⑤」。

無論三角形的大小和形狀如何，每一個內角的「對邊長與正弦值的比」都相同。

三角函數的重要公式 ⑤
正弦定理

$$\frac{a}{\sin A} = \frac{b}{\sin B} = \frac{c}{\sin C}$$

首先，在下面的三角形ABC中，從頂點A向對邊BC畫一條垂直線，並將其與BC交點命名為D。這時，我們觀察直角三角形ABD。根據正弦的定義，使得 $\sin B = \dfrac{AD}{c}$。因此，

$\quad AD = c \sin B \cdots ①$

得以成立。

接著，我們觀察直角三角形ACD。根據正弦的定義，使得 $\sin C = \dfrac{AD}{b}$。因此，

$\quad AD = b \sin C \cdots ②$

得以成立。

從①和②可以得知 $c \sin B = b \sin C$。若將式子進行一些變形，將可得到 $\dfrac{b}{\sin B} = \dfrac{c}{\sin C}$。同樣地，我們可以從點B向AC畫一條垂直線來推導出 $\dfrac{a}{\sin A} = \dfrac{c}{\sin C}$。將這些結果總結起來，我們得到

$$\frac{a}{\sin A} = \frac{b}{\sin B} = \frac{c}{\sin C}$$

從而證明了正弦定理的成立。

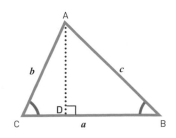

正弦定理在天文學中也大有用途！

遙遠天體與我們的距離，只要使用「正弦定理」就能測量

就像餘弦定理一樣，若是三角形中有無法直接測量長度的邊，借助正弦定理，我們可以從其他角度和邊長來求得其長度。

舉個例子，假設有一個天體位在離地球相當遙遠的地方，而我們想知道地球與它的距離。

讓我們將夏季的地球、冬季的地球和該天體連接，形成一個假想的三角形（如右圖）。由於夏季地球和冬季地球之間的距離等於公轉軌道的直徑，因此是已知的值。此外，我們也能夠分別在夏季和冬季時從地球觀測該天體，測出該天體的仰角，得知三角形中兩個角的大小。

將這些數值代入正弦定理的公式，我們就可以推導出無法直接測量的天體距離。

求解天體距離的方法

將天體位置、夏季地球、冬季地球分別設為A、B、C，並使其對邊長分別為 a、b、c。其中，a 是地球公轉軌道的直徑，而我們想知道的天體距離為 b。由於正弦定理 $\frac{a}{\sin A} = \frac{b}{\sin B}$ 成立，當 A 和 B 的角度已知，我們就可以透過 $b = a \times \frac{\sin B}{\sin A}$ 來計算所求的天體距離。

冬季地球

C   *C*

公轉軌道的直徑（*a*）   太陽

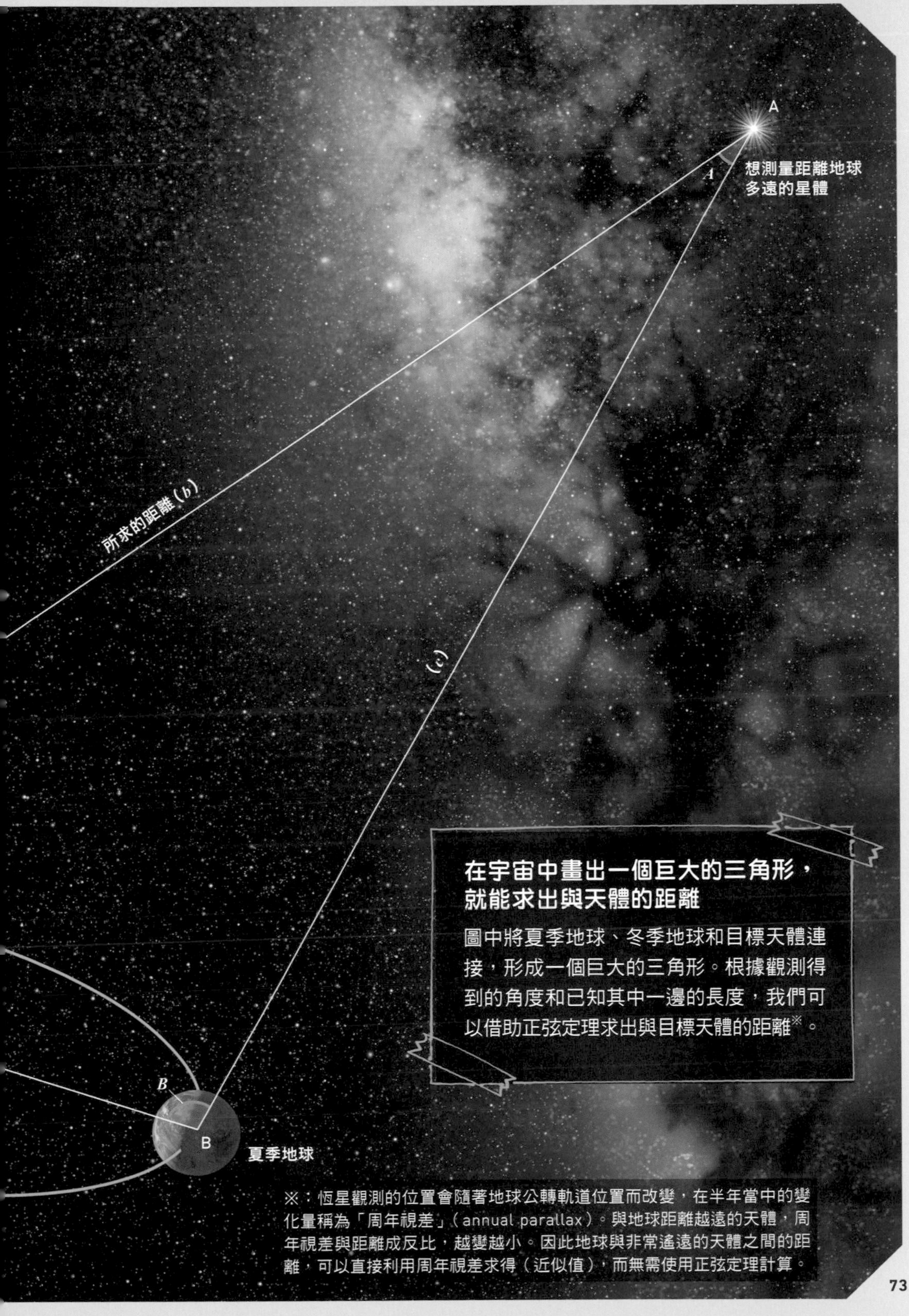

A

想測量距離地球
多遠的星體

A

所求的距離（*b*）

（*c*）

在宇宙中畫出一個巨大的三角形，就能求出與天體的距離

圖中將夏季地球、冬季地球和目標天體連接，形成一個巨大的三角形。根據觀測得到的角度和已知其中一邊的長度，我們可以借助正弦定理求出與目標天體的距離[※]。

B

B

夏季地球

※：恆星觀測的位置會隨著地球公轉軌道位置而改變，在半年當中的變化量稱為「周年視差」（annual parallax）。與地球距離越遠的天體，周年視差與距離成反比，越變越小。因此地球與非常遙遠的天體之間的距離，可以直接利用周年視差求得（近似值），而無需使用正弦定理計算。

兩角和或差的三角函數值，可透過「和差角定理」得知

希臘天文學家發現的定理？

最後讓我們來介紹「和差角定理」（angle addition and subtraction theorems）編註。雖然稍微複雜，但這個定理可以整理成右上的幾個公式。

使用和差角定理，我們可以從兩個角度 α 和 β 的正弦和餘弦值來得知角度（$\alpha+\beta$）和（$\alpha-\beta$）的正弦和餘弦值。舉例來說，若已知1°的正弦和餘弦值，那麼可以用 $\sin 2° = \sin(1°+1°) = \sin 1° \times \cos 1° + \cos 1° \times \sin 1°$ 求

出 $\sin 2°$ 的值。同樣地，我們可以用相同方法繼續求解 $\sin 3°$、$\sin 4°$……的值。

和差角定理的發現者被學術界認為是古希臘的天文學家托勒密（Claudius Ptolemaeus，西元100年左右～170年左右）。托勒密利用與和差角定理本質上相同的方法，創建了0.5°間隔的「弦表（三角函數表）」。

編註：「和角定理」與「差角定理」合稱為「和差（角）定理」或「和差（角）公式」，有時被簡稱為「和角定理」或「和角公式」。

圖解和差角定理

利用如右圖中的梯形，可以更容易理解「和差角定理」。首先，將梯形的左側邊長定為1，且梯形的左下角由兩個角 α 和 β 構成。接下來，我們可以利用 α 和 β 的三角函數值，如 $\sin \alpha$ 或 $\cos \beta$ 來表示梯形的各邊邊長，如右上方所示。

如果已知梯形的各邊長，就可以計算右下方圖中深藍色三角形的邊長。由於梯形的左側邊長為1，且梯形左下的角度為（$\alpha+\beta$），因此我們就可以將深藍色三角形的垂直邊長表示為 $\sin(\alpha+\beta)$、水平邊長表示為 $\cos(\alpha+\beta)$。

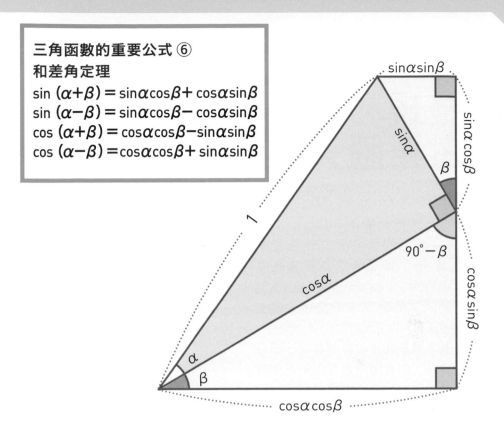

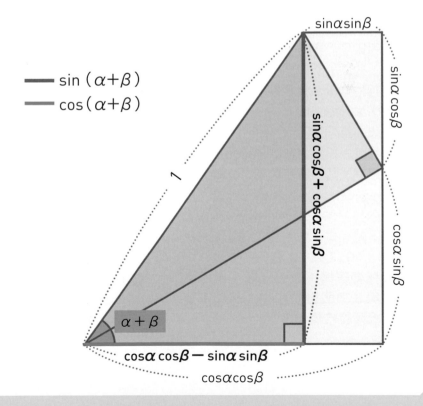

發現和差角定理的古希臘天文學家

古希臘的著名天文學家托勒密，其成名之作是整理了「地心說」（geocentrism也稱為天動說）的著作《天文學大成》（*Almagestum*）。

觀察水星和金星等行星時，會發現有時它們會暫時朝著與平常相反的方向運動。這種現象被稱為「逆行」（retrograde motion）。當時的天文學家們對於行星為何發生逆行感到困惑不已。就在此時，托勒密引入了「本輪」（epicycle）的概念，並以地心說為根基妥善解釋了逆行的現象。其結果為，地心說在接下來超過1500年的時間內，被世人視為真理。

另外，托勒密在數學方面也有許多成就。其中著名的是「托勒密定理」（Ptolemy's theorem），即「對於內接於同一圓的四邊形ABCD，以下的等式『AC×BD＝AB×DC＋BC×AD』（如右上圖）成立」。

托勒密根據這個定理，推導出了與三角函數的和差角定理本質上相同的結論。

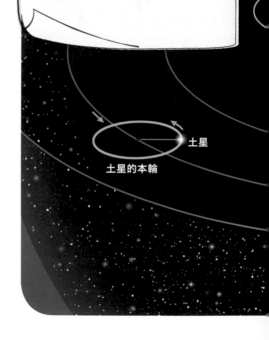

托勒密的地心說

地心說認為地球位於宇宙中心，而太陽和其他行星等星體環繞地球運行。托勒密假設太陽和行星在較小的「本輪」上運動，而本輪的中心則繞著地球運行在較大的「均輪」（deferent）上，成功地解釋了行星的逆行現象。^{編註}

土星

土星的本輪

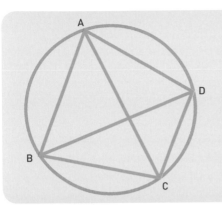

托勒密定理

若四邊形ABCD內接於一圓，則無論ABCD為何種四邊形，

$$AC \times BD = AB \times DC + BC \times AD$$

這個關係都成立。這個等式稱為「托勒密定理」。

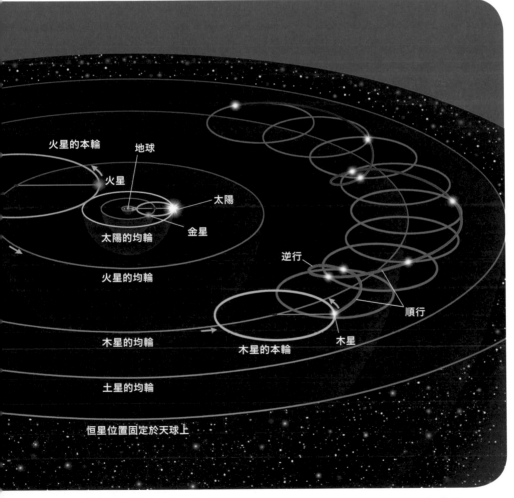

火星的本輪
地球
火星
太陽
金星
太陽的均輪
火星的均輪
逆行
順行
木星的均輪
木星的本輪
木星
土星的均輪
恒星位置固定於天球上

編註：由於天文觀測的準確度愈來愈高，地心說所構成的體系慢慢地無法符合實際的觀測，為了使地心說體系能符合觀測數據，所以天文學家們把本輪一個一個地加到既有的體系上；到了後期，天文學家已不知道每個行星應該有多少個本輪。最後因為使用起來極不方便，引發哥白尼（Nicolaus Copernicus, 1473～1543）提出了日心說（Heliocentrism也稱為地動說）。

三角函數 練習題

Q1

在畢氏定理中經常出現的，三邊為3：4：5的直角三角形，這個三角形的角 θ 是多少度呢？請使用第36～37頁的三角函數表來求解。

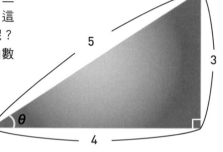

Q2

有一個內接於圓的三角形ABC。當∠B＝59°且邊AB是圓的直徑時，請求 cos θ 的值。注意，這裡我們假設sin59°≒0.8572。

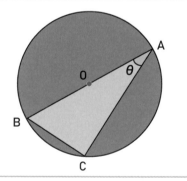

Q3

在日本，屋頂的傾斜程度是用「○寸勾配」來表示（1寸≒3 cm）。例如，4寸勾配的屋頂表示水平方向前進10寸時會上升4寸的傾斜程度。那麼4寸勾配的角度（圖中的 θ）會是多少度呢？

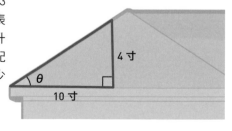

現在，我們來挑戰一些三角函數的練習題。**只要運用本章學到的定義和公式，這些問題應該難不倒你。**先仔細閱讀問題，並耐心地觀察圖形吧。

Q4

駕駛汽車時特別需要注意的，是從駕駛座位看不到的「死角」。假設死角為13°，那麼從駕駛座位看不到的部分（圖中的BC）長度是多少公尺呢？這邊假設從地面到眼睛的高度（圖中的AB）為1.2公尺。

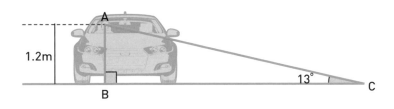

Q5

下面的直線是 $y = 2x$ 的圖形。求解$\sin\theta$，$\cos\theta$ 和$\tan\theta$ 的值。這裡假設 $\sqrt{5} \fallingdotseq 2.236$。

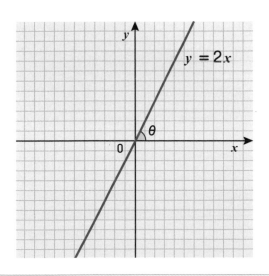

三角函數 練習題　解答篇：①

正弦（sin）和餘弦（cos）可以如下圖的方式
求解：

直角三角形中的三角函數定義（三角比）

$$\sin \theta = \frac{\text{對邊}}{\text{斜邊}} = \frac{AC}{AB}$$

$$\cos \theta = \frac{\text{底邊}}{\text{斜邊}} = \frac{BC}{AB}$$

$$\tan \theta = \frac{\text{對邊}}{\text{底邊}} = \frac{AC}{BC}$$

根據正弦和餘弦的定義，可以得到：

$$\sin \theta = \frac{3}{5} = 0.6$$

$$\cos \theta = \frac{4}{5} = 0.8$$

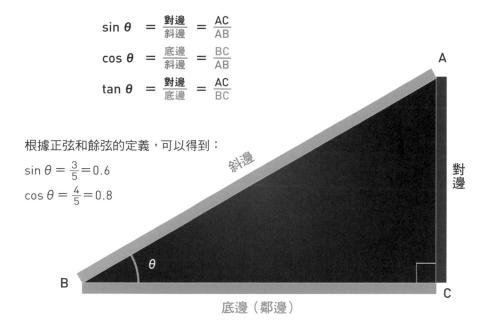

因此，根據36～37頁的三角函數表，sin θ 最接近0.6的 θ 值**約37°**。
另外還有一些比例為5：12：13，8：15：17，7：24：25的直角三角形。這些
三角形同樣可以利用正弦和餘弦的值找出它們的角度 θ 的大小，請大家務必自
己嘗試看看。

A2

由於邊AB是圓的直徑，所以角C是90°（泰利斯定理：直徑所對的圓周角為直角）。因此，三角形ABC是直角三角形。

由於sin59°＝cos（90°－59°）＝cos θ 成立，因此：

cos θ ＝sin59°
　　　　≒**0.8572**

點C無論在圓周上的哪個位置，角C的大小都是90°。接下來讓我們來證明這一點。將圓心O和點C連接，就形成兩個等腰三角形（半徑OB＝OC＝OA），這時我們再令角A的大小為「*a*」，角B的大小為「*b*」，如下圖所示。
由於三角形的內角和為180°，所以*a*＋*a*＋*b*＋*b*＝180，因此*a*＋*b*＝90°。因此，我們可以得知角C是90°。

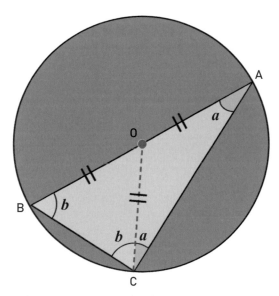

對於任何一直角三角形ABC，若邊AB是圓的直徑，並且角C位於圓周上，那麼只要得知角A或角B的角度，我們就可以求得它們的正弦和餘弦值，所以不妨在各種不同的角度上試試看。

三角函數 練習題　解答篇：②

在這裡我們只要使用正切（tan），就能夠求得角度 θ。

根據正切的定義，

$$\tan \theta = \frac{4}{10} = 0.4$$

根據第36～37頁的三角函數表，我們可以找到最接近的 θ，

其大小約**22°**。

屋頂的傾斜程度會因地區而異。舉例來說，在豪雪地區的房屋為了防止屋頂因積雪的重量而倒塌，會將屋頂的傾斜角度設計得較大。至於到底會傾斜到什麼程度，大家不妨搜尋一下。

A4

若要從AB的長度來解出BC的長度，我們可以使用正切（tan）。

根據正切的定義，

$$\tan 13° = \frac{AB}{BC} = \frac{1.2}{BC}$$

是成立的。
第36～37頁的三角函數表中，我們可以找到tan13°的值＝0.2309。

因此，將這個數值代入$\tan 13° = \frac{1.2}{BC}$，會得到$0.2309 = \frac{1.2}{BC}$，因此
BC＝$\frac{1.2}{0.2309}$＝≒5.1970，**約為5.2公尺**。

在現實中，死角的大小會因車輛的類型和大小而不同。以圖①中的這類車輛來說，圖②中描繪的範圍，是從駕駛座無法看見的死角。因此，如果移動中的車輛附近有行人的話，周圍的人務必提醒他要注意安全。

①

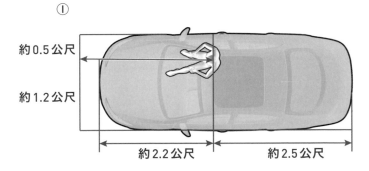

②

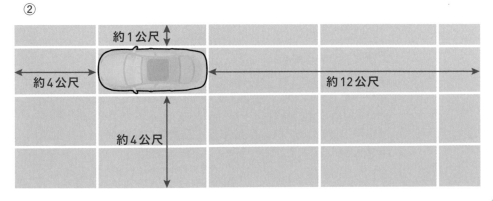

三角函數 練習題　解答篇：③

在 $y=2x$ 上，存在一點為 $x=1$，$y=2$（我們將 $x=1$，$y=2$ 這個點命名為 A）。
將點 $x=1$，$y=2$ 投影到 x 軸上會得到一個交點，我們將它命名為點 B。

線段 AB 與 x 軸垂直相交（呈90°）。
將 $x=0$，$y=0$ 的點定為原點（令 $x=0$，$y=0$ 的點為 O），則線段 OB 的長度為1，線段 AB 的長度為2。

由於三角形 OAB 是直角三角形，根據畢氏定理，斜邊長為
$\sqrt{1^2+2^2}=\sqrt{5}$。
（畢氏定理詳見第22～23頁）

根據右圖，將目前的結果整理如下：

$$\sin\theta=\frac{2}{\sqrt{5}}\fallingdotseq 0.894$$

$$\cos\theta=\frac{1}{\sqrt{5}}\fallingdotseq 0.447$$

$$\tan\theta=\frac{2}{1}=2$$

有沒有注意到什麼呢？
實際上，$\tan\theta$ 的值代表了 $y=2x$ 這條線的的斜率，即「2」。
如果我們知道 $\tan\theta$，就能夠從第36～37頁的三角函數表中得到 θ 的角度。換句話說，只需要知道方程式的斜率，我們就可以推導出 $\sin$、$\cos$、$\tan$ 的近似值，而無需先求得每條邊的長度再代入公式。

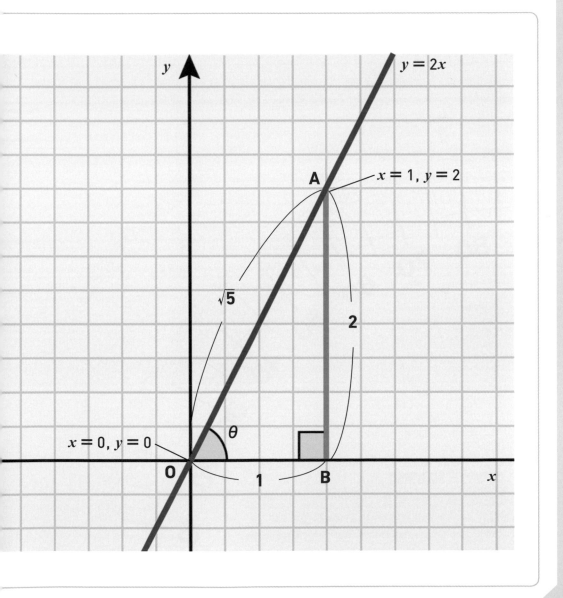

條理彙整，一次到位！
三角函數的重要公式集

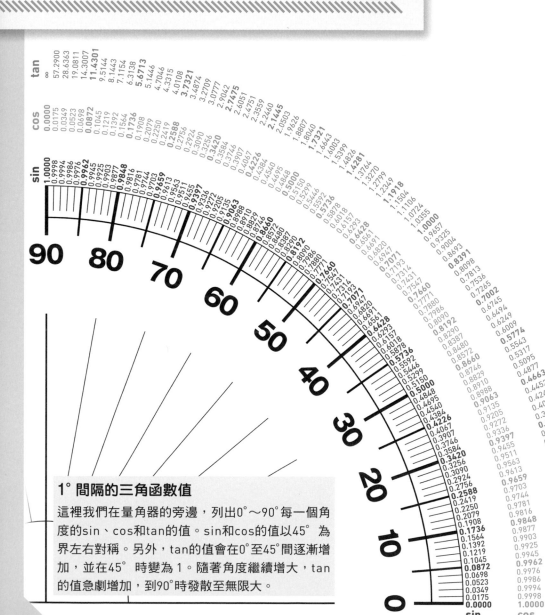

1°間隔的三角函數值

這裡我們在量角器的旁邊，列出0°～90°每一個角度的sin、cos和tan的值。sin和cos的值以45°為界左右對稱。另外，tan的值會在0°至45°間逐漸增加，並在45°時變為1。隨著角度繼續增大，tan的值急劇增加，到90°時發散至無限大。

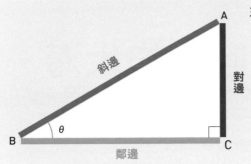

三角函數在直角三角形上的定義（三角比）

$$\sin \theta = \frac{對邊}{斜邊} = \frac{AC}{AB}$$

$$\cos \theta = \frac{鄰邊}{斜邊} = \frac{BC}{AB}$$

$$\tan \theta = \frac{對邊}{鄰邊} = \frac{AC}{BC}$$

正弦、餘弦、正切之間的關係

重要公式①

$$\sin \theta = \cos (90° - \theta)$$
$$\cos \theta = \sin (90° - \theta)$$

重要公式②

$$\sin^2 \theta + \cos^2 \theta = 1$$

重要公式③

$$\tan \theta = \frac{\sin \theta}{\cos \theta}$$

三角函數在單位圓（第4章）上的定義

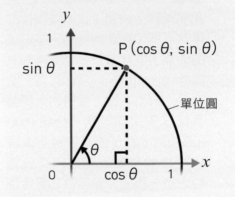

重要公式④ 餘弦定理

$$c^2 = a^2 + b^2 - 2ab \cos C$$
$$a^2 = b^2 + c^2 - 2bc \cos A$$
$$b^2 = a^2 + c^2 - 2ac \cos B$$

重要公式⑤ 正弦定理

$$\frac{a}{\sin A} = \frac{b}{\sin B} = \frac{c}{\sin C}$$

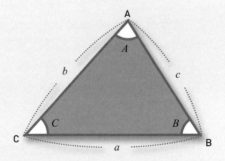

重要公式⑥ 和差角定理　計算兩個角度相加時的三角函數值的公式

$$\sin(\alpha + \beta) = \sin \alpha \cos \beta + \cos \alpha \sin \beta$$

$$\sin(\alpha - \beta) = \sin \alpha \cos \beta - \cos \alpha \sin \beta$$

$$\cos(\alpha + \beta) = \cos \alpha \cos \beta - \sin \alpha \sin \beta$$

$$\cos(\alpha - \beta) = \cos \alpha \cos \beta + \sin \alpha \sin \beta$$

在無法看見陸地的大海上如何確定自己的位置？

從 15世紀到17世紀，歐洲各國紛紛揚帆前往非洲、亞洲和美洲，拉開了大航海時代的序幕。為了在距離陸地千里之遙的大洋上安全航行，並準確到達目的地，知道船的所在位置至關重要。**有鑑於此，當時的人們發展出了天文導航法（celestial navigation），即透過觀測太陽或星星的位置來確定自身位置的方法，而天文導航法其實也應用到了三角函數。**

天文導航法中有一種常見的「高度差法」（altitude difference method），透過觀測太陽或月亮等天體來確定自己的位置。首先需在特定時刻記錄天體的仰角（高度角），再根據這些數據計算船的位置。畫家霍默（Winslow Homer，1836～1910）的代表作之一《八響鐘》（*Eight Bells*, 1886）中，描繪一名船員凝視六分儀（sextant）編註測量太陽的高度角。六分儀是測量地平線與天體之間角度的儀器，第55頁介紹的智慧型手機應用程式，可以看作是現代版的簡易六分儀。

高度差法是根據高度角的既存資料，和某一特定時刻天體在天球上的坐標資訊來進行計算，藉此在地圖上繪製出船的可能位置的圓周（稱為位置線 Line of position，LOP）。這個計算被稱為「測天演算」（sight reduction），是三角函數的一種應用。通常情況下，一次測天演算不能確切確定船的位置，需要再選擇另一天體繪製LOP，兩條LOP會有兩個交點，但其中一個差距太遠，可以排除，從而確定船的準確位置。

雖然到了現在，GPS（全球定位系統）已經成為確定位置的主流方法，但在GPS問世之前，船舶和飛機是仰賴天文導航法來確定位置的。現在它仍然被作為GPS的輔助手段使用。

編註：六分儀藉由轉動指標臂上方的「指標鏡」，使欲測天體的光線經由「指標鏡」反射至「水平鏡」，再反射至望遠鏡，進入觀測者的眼中。這時指標臂下方標示出分度弧（六分之一圓周長）的度數即為該天體的仰角度數。

霍默的畫作《八響鐘》

左邊的船員正在用六分儀測量太陽的高度角,而右邊的船員似乎正在讀取儀器上標記的角度數值。標題「八響鐘」指的是船上的報時鐘。在船上,自凌晨0點開始,每隔4小時輪換一次值班,而報時鐘會在值班交接後30分鐘敲1次鐘,再過30分鐘敲2次鐘,依此類推,到了下次交接時鐘會敲響8次,因此有了「八響鐘」這個說法。

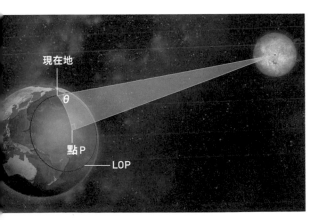

高度差法的原理

將觀測太陽時的高度角(仰角)記為 θ,透過觀測者與太陽以及地球上位於太陽正下方的點P所形成的三角形進行測天演算,在地球上繪製以點P為中心的圓(LOP)。從這個圓周上的任何一點仰望太陽,其仰角都是θ,因此觀測者可以確定自己位於圓周上的某個位置。

六分儀測量的高度角受大氣折射等因素的影響,須進行修正才能找到真實的高度角。由於LOP線段與測量方向垂直,因此可以從圓心P繪製一條垂直於測量方向的線,與LOP圓相交的點,便是更準確的船位。

4

從三角函數到「圓」與「波」

將正弦、餘弦和正切定義為直角三角形的邊長比例時，角度的範圍就被限制在0°到90°之間。因此，讓我們從「直角三角形」轉換到「圓」，來重新認識三角函數。

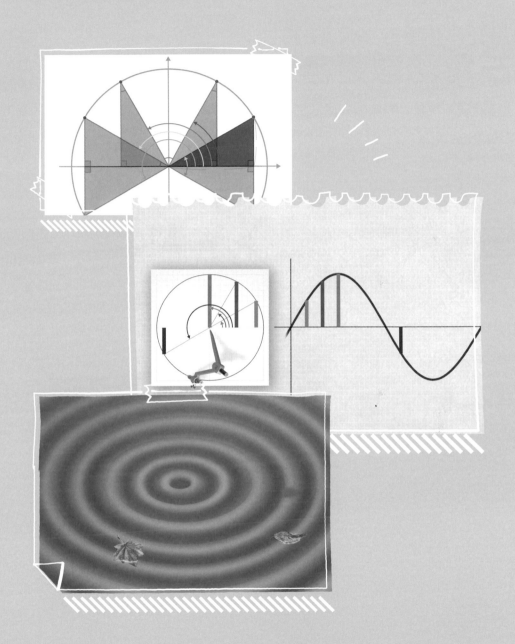

用「圓」來理解
三角函數更容易明白！

讓我們從「圓」的角度來認識三角函數

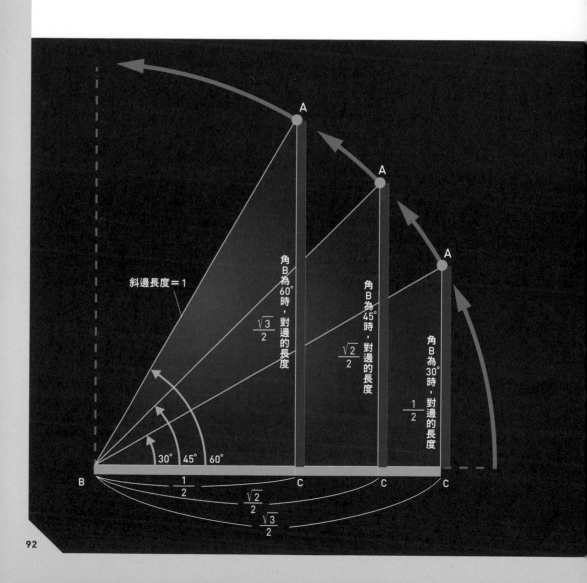

斜邊長度＝1

角B為60°時，對邊的長度 $\frac{\sqrt{3}}{2}$

角B為45°時，對邊的長度 $\frac{\sqrt{2}}{2}$

角B為30°時，對邊的長度 $\frac{1}{2}$

30° 45° 60°

B

$\frac{1}{2}$

$\frac{\sqrt{2}}{2}$

$\frac{\sqrt{3}}{2}$

C

C

C

A

A

A

到目前為止，我們將三角函數視為「直角三角形的邊長比（三角比）」。**但由於直角三角形中的角度不能大於90°，這便將三角函數適用的角度範圍限制在0°到90°之間**。該怎麼做才能將三角函數從這種限制中解放出來呢？

請看左下方的圖。若我們將直角三角形ABC的斜邊AB長度固定為1，並改變斜邊的角度，那麼頂點A所繪製的軌跡將成為半徑為1的圓的一部分。

現在，我們將視角從直角三角形轉換為圓。半徑為1的圓稱為「單位圓」（unit circle）。以單位圓的中心為原點，並以由原點水平伸出的軸線為 x 軸，由原點垂直伸出的軸線為 y 軸。

現在，讓我們觀察從點（1，0）出發，在單位圓上逆時針旋轉的點P。**當點P旋轉了角度 θ 時，它的 x 坐標為 $\cos\theta$，y 坐標為 $\sin\theta$。**

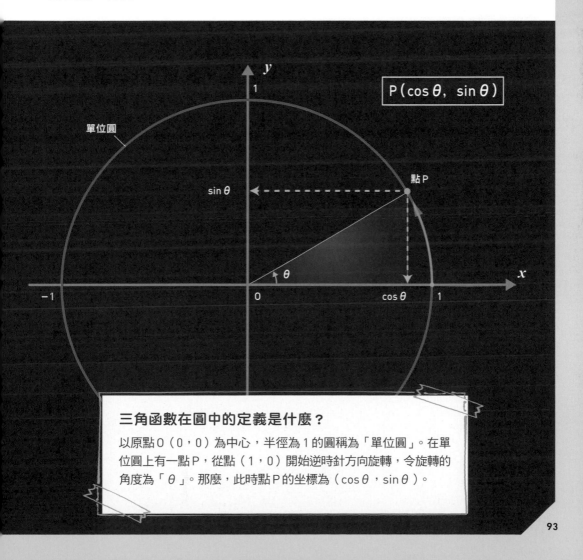

$$P(\cos\theta, \sin\theta)$$

單位圓

y

1

$\sin\theta$

點 P

θ

-1　　　O　　　$\cos\theta$　　1　　x

三角函數在圓中的定義是什麼？

以原點 O（0，0）為中心，半徑為1的圓稱為「單位圓」。在單位圓上有一點P，從點（1，0）開始逆時針方向旋轉，令旋轉的角度為「θ」。那麼，此時點P的坐標為（$\cos\theta$，$\sin\theta$）。

將三角函數從直角三角形的限制中解放出來

90°以上的角度，甚至是負的角度，
都能使用三角函數了！

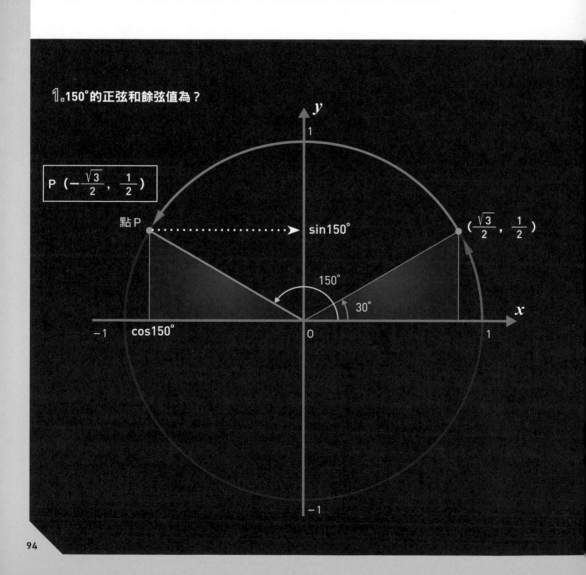

1。150°的正弦和餘弦值為？

$P\left(-\dfrac{\sqrt{3}}{2},\ \dfrac{1}{2}\right)$

點 P

$\sin150°$

$\left(\dfrac{\sqrt{3}}{2},\ \dfrac{1}{2}\right)$

$150°$

$30°$

$\cos150°$

透過單位圓重新定義三角函數之後，我們便能將三角函數從直角三角形的限制中解放出來，**現在可以將三角函數用在「90°以上的角度」和「負的角度」了**編註。

例如，經過150°旋轉的點P，實際上位於將旋轉了30°的點對 y 軸左右翻轉的位置（如圖1）。這個位置的坐標是（$-\frac{\sqrt{3}}{2}$，$\frac{1}{2}$），所以 $\cos150° = -\cos30° = -\frac{\sqrt{3}}{2}$，$\sin150° = \sin30° = \frac{1}{2}$。

接下來，讓我們考慮角度為負的情況。負角度是從點（1，0）開始，以順時針方向旋轉的角度。經過 $-30°$ 旋轉的點P'，正好位於將旋轉了30°的點對 x 軸上下翻轉的位置（如圖2）。這個位置的坐標是（$\frac{\sqrt{3}}{2}$，$-\frac{1}{2}$），所以，$\cos(-30°) = \cos30° = \frac{\sqrt{3}}{2}$，$\sin(-30°) = -\sin30° = -\frac{1}{2}$。

編註：單位圓上的點（x, y）若位於第一象限，則 x 與 y 是斜邊長為1的直角三角形的兩條邊，根據畢式定理：$x^2 + y^2 = 1$，由於對所有 x 來說，$x^2 = (-x)^2$，並且所有這些點相對於 x 軸或者 y 軸的反射點也都位於單位圓上，因此單位圓上的所有點都滿足上面的方程。

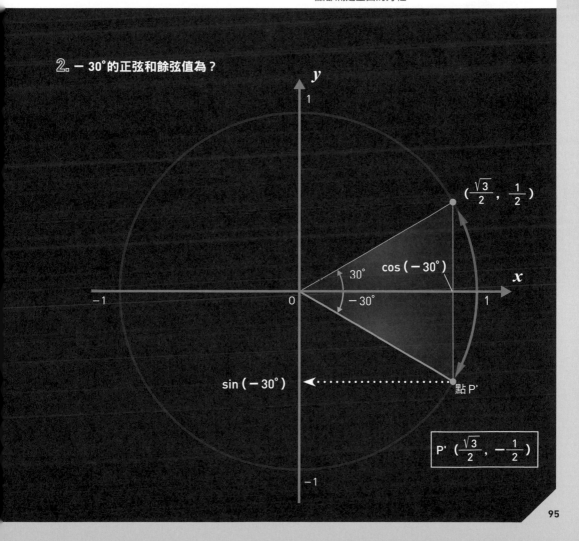

2. $-30°$ 的正弦和餘弦值為？

P'（$\frac{\sqrt{3}}{2}$，$-\frac{1}{2}$）

只要用「圓」來思考，就能處理任何角度

來探索不同角度下的正弦和餘弦值吧

當一點P在單位圓上移動，其形成角度為「θ」時，點P的 x 坐標為 $\cos\theta$，y 坐標為 $\sin\theta$（第92～95頁）。

在右圖中所出現的直角三角形都是互相全等的。因此，假設將點P對 y 軸左右翻轉得到點S，其 x 坐標需要加上負號，變成（$-\cos\theta$，$\sin\theta$），因此

$\cos(180°-\theta)=-\cos\theta$，

$\sin(180°-\theta)=\sin\theta$

必定成立。

接下來，讓我們考慮將點P逆時針旋轉90°得到的點R。點R的 x 坐標是將點P的 y 坐標加上負號，即「$-\sin\theta$」，y 坐標則與點P的 x 坐標同為「$\cos\theta$」。因此，

$\cos(90°+\theta)=-\sin\theta$，

$\sin(90°+\theta)=\cos\theta$

必定成立。

同樣的推論可以應用於單位圓上的任意點，所有點的坐標都可以用 $\pm\cos\theta$ 與 $\pm\sin\theta$（$0°<\theta<90°$）來表示。

【點S】
x 坐標：$\cos(180°-\theta)=-\cos\theta$
y 坐標：$\sin(180°-\theta)=\sin\theta$

S

-1

【點T】
x 坐標：$\cos(180°+\theta)=-\cos\theta$
y 坐標：$\sin(180°+\theta)=-\sin\theta$

T

三角函數的基本性質

圖中六個直角三角形都是全等的。以底邊長和高分別是$\cos\theta$和$\sin\theta$的直角三角形（顏色最深的三角形）為基準時，點P～點U的坐標都可以用$\pm\cos\theta$和$\pm\sin\theta$來表示。同時，這也代表橙色框框中的公式是成立的。

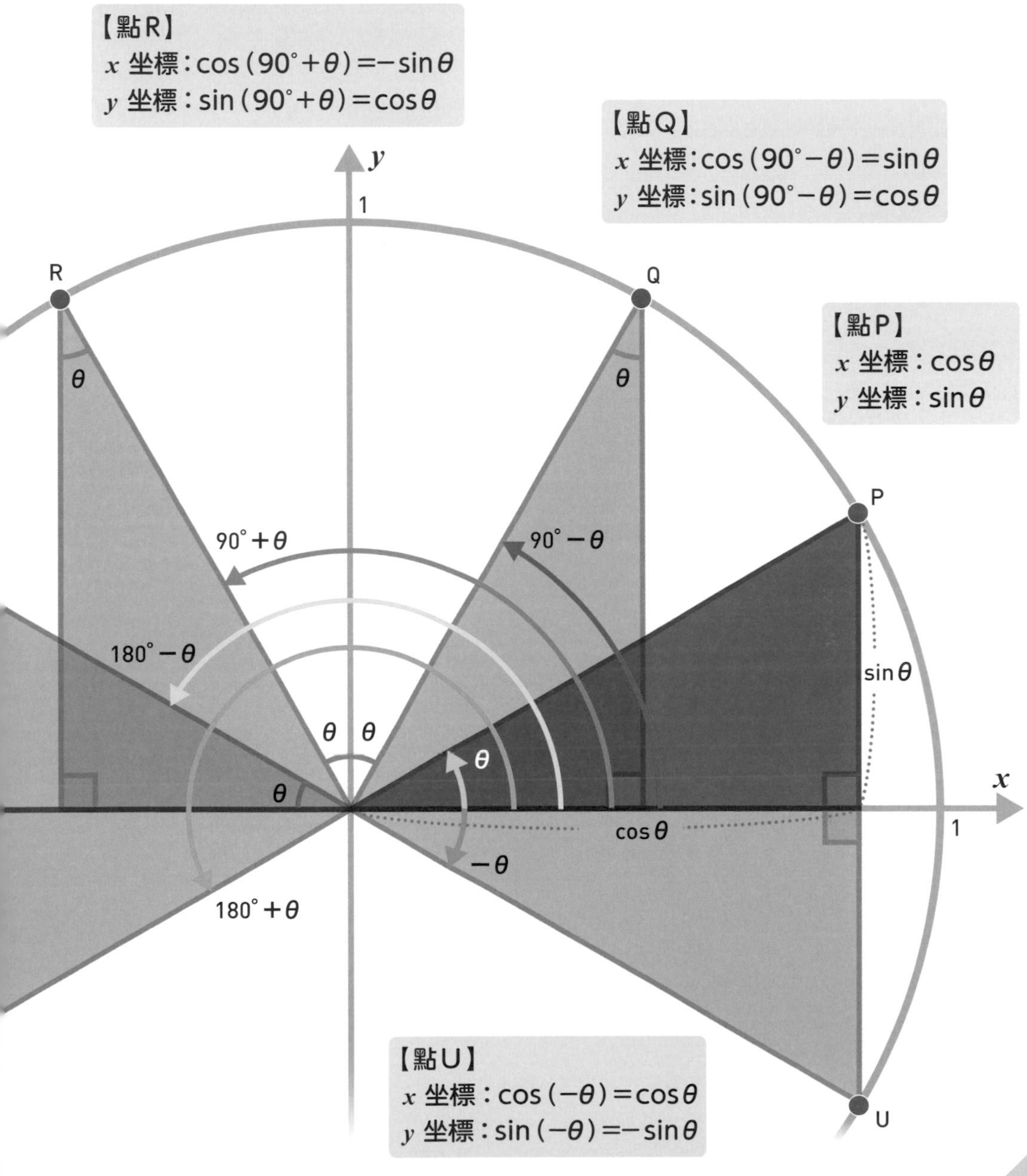

【點R】
x 坐標：$\cos(90°+\theta)=-\sin\theta$
y 坐標：$\sin(90°+\theta)=\cos\theta$

【點Q】
x 坐標：$\cos(90°-\theta)=\sin\theta$
y 坐標：$\sin(90°-\theta)=\cos\theta$

【點P】
x 坐標：$\cos\theta$
y 坐標：$\sin\theta$

90°+θ

90°-θ

180°-θ

$\sin\theta$

θ θ

θ

θ

$-\theta$

$\cos\theta$

180°+θ

【點U】
x 坐標：$\cos(-\theta)=\cos\theta$
y 坐標：$\sin(-\theta)=-\sin\theta$

Coffee Break

「坐標」連結數學式和圖形

坐標（coordinates）是標示平面上某個點位置的方法，以原點到該點的「垂直」和「水平」距離來表示。**在數學中，我們稱通過原點的水平軸（橫軸）為「x軸」，垂直軸（縱軸）為「y軸」，並以x和y的值組成一對來表示坐標**編註。

此外，坐標平面可分為四部

坐標與象限

第2象限
坐標平面的左上區域，x值為負，y值為正。

第1象限
坐標平面的右上區域，x值為正，y值為正。

第3象限
坐標平面的左下區域，x值為負，y值為負。

第4象限
第四象限：坐標平面的右下區域，x值為正，y值為負。

分（如左下圖）。這四個部分分別稱為第 1 象限到第 4 象限。

使用坐標，我們可以用 x 和 y 來表示一條直線。例如，通過點 $(x，y)=(0，0)$，$(1，1)$，$(2，2)$，$(3，3)$，……這些 x 和 y 的值相等的點的直線，可以用「$y=x$」來表示（圖形 **1**）。

同樣地，我們也可以用 x 和 y 來表示曲線。舉例來說，通過點 $(x，y)=(0，0)$，$(1，1)$，$(2，4)$，$(3，9)$，……的曲線，可以用「$y=x^2$」來表示（圖形 **2**）。而通過點 $(x，y)=(1，10)$，$(2，5)$，$(4，2.5)$，$(5，2)$，……的曲線，可以用「$y=\frac{10}{x}$」來表示（圖形 **3**）。

圓也可以表示於坐標平面上。以原點 0 為中心，半徑為 10 的圓可以用「$x^2+y^2=100$」來表示（圖形 **4**）。

坐標與各種圖形

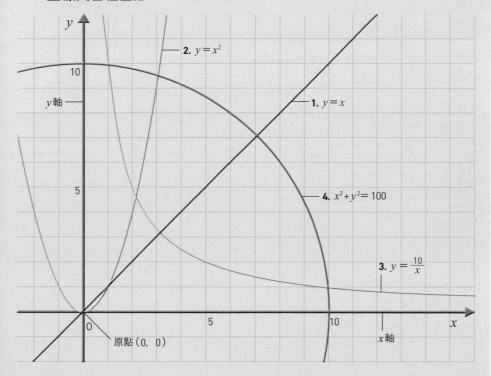

編註：最常用到的二維坐標系（也稱為直角坐標系），是法國數學家笛卡兒（René Descartes，1596～1650）在 1637 年發表的《方法論》（*Discourse on the Method*）附錄中提到的。

使用單位圓定義三角函數

當角度在90°以上或值為負時，三角函數值會怎麼變化

1. 坐標平面是什麼

在平面上畫出相互垂直的兩條直線，將其稱為「x軸」和「y軸」，並將它們的交點稱為「原點」。以x軸和y軸為底的平面被稱為「坐標平面」，而位於這個平面上的點P的位置可以用x坐標和y坐標來表示。

2. 以單位圓上運動的點來定義正弦和餘弦

以原點O（0，0）為中心，半徑為1的圓被稱為「單位圓」。假設在單位圓上，有一點P從點D（1，0）出發，並以角度θ逆時針旋轉，此時可以用

（$\cos\theta$，$\sin\theta$）

來表示點P的坐標。

3. 角度為負值是指什麼

當點P從點D出發，並順時針旋轉的話，角度將為變為負值。在圖中，點P'表示單位圓上的點自點D旋轉了（$-\theta$）的位置，因此它的坐標可以用

（$\cos(-\theta)$，$\sin(-\theta)$）

來表示。

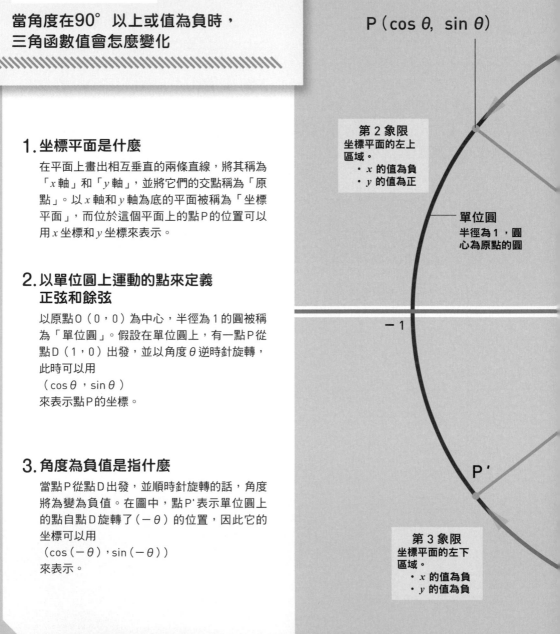

P（$\cos\theta$, $\sin\theta$）

第 2 象限
坐標平面的左上區域。
· x 的值為負
· y 的值為正

單位圓
半徑為 1，圓心為原點的圓

-1

P'

第 3 象限
坐標平面的左下區域。
· x 的值為負
· y 的值為負

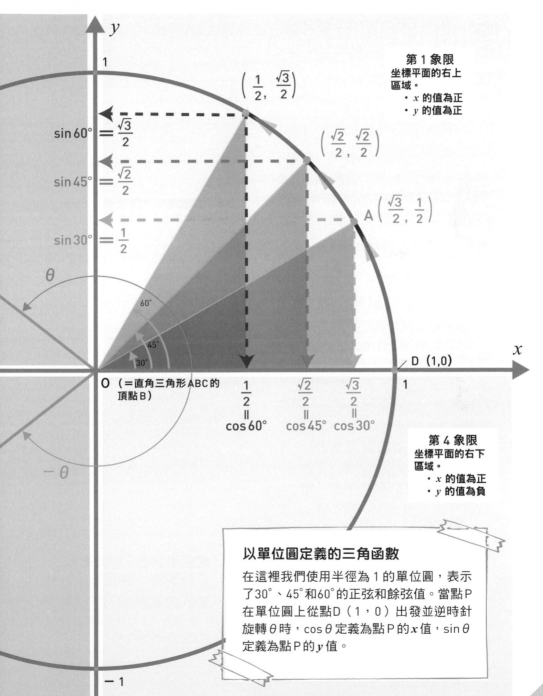

這 裡總結了在單位圓上的三角函數定義。

當角度在90°以上或值為負 時，三角函數的值會怎樣變化呢？讓我們來探討一下。

第 1 象限
坐標平面的右上區域。
- x 的值為正
- y 的值為正

$\left(\dfrac{1}{2}, \dfrac{\sqrt{3}}{2} \right)$

$\left(\dfrac{\sqrt{2}}{2}, \dfrac{\sqrt{2}}{2} \right)$

A $\left(\dfrac{\sqrt{3}}{2}, \dfrac{1}{2} \right)$

$\sin 60° = \dfrac{\sqrt{3}}{2}$

$\sin 45° = \dfrac{\sqrt{2}}{2}$

$\sin 30° = \dfrac{1}{2}$

θ

$60°$

$45°$

$30°$

$-\theta$

O（＝直角三角形ABC的頂點B）

D（1,0）

$\dfrac{1}{2}$ ＝ $\cos 60°$

$\dfrac{\sqrt{2}}{2}$ ＝ $\cos 45°$

$\dfrac{\sqrt{3}}{2}$ ＝ $\cos 30°$

第 4 象限
坐標平面的右下區域。
- x 的值為正
- y 的值為負

以單位圓定義的三角函數

在這裡我們使用半徑為 1 的單位圓，表示了30°、45°和60°的正弦和餘弦值。當點P在單位圓上從點D（1，0）出發並逆時針旋轉θ時，$\cos \theta$ 定義為點P的x值，$\sin \theta$ 定義為點P的y值。

101

使用半徑為1的圓弧表示角度的「弧度法」

角度可以用圓弧長度表示

前 面的章節中，我們用30°和60°等值來表示角度。這是將完整旋轉一圈視為360°，然後以它的360分之1為單位來表示角度的方式，稱為「度數法」（degree measure）。**實際上，還有一種表示角度的方法，稱為「弧度法」（radian measure）**編註。

弧度法是將角度用「以該角度為圓心角的單位圓弧的長度」來表示。以360°為例，圓心角為360°的圓弧長度，也就是圓的周長。圓的周長＝2×半徑×π※」，所以如果半徑為1，圓的周長就是2π。因此，360°用弧度法表示為「2π」。

這時，角度的單位不是「度」，而是所謂「弧度」，用符號rad表示。換句話說，360°等於弧度上的2π。然而，一般在使用這個表示法時會省略「弧度」這兩個字。

編註：18世紀之前，人們一直是用線段的長來定義三角函數。1714年英國數學家科茨（Roger Cotes，1682～1716）提出以弧度作為對角度的描述，使得三角函數的研究大為簡化。

度數法	弧度法
30°	$\dfrac{\pi}{6}$
45°	$\dfrac{\pi}{4}$
60°	$\dfrac{\pi}{3}$
90°	$\dfrac{\pi}{2}$
135°	$\dfrac{3\pi}{4}$
180°	π
270°	$\dfrac{3\pi}{2}$
360°	2π

使用半徑為1的圓弧表示角度的「弧度法」

弧度法是透過以該角度為圓心角的單位圓（半徑為1的圓）的弧長來表示角度的方法。

※：π是圓周率的符號，$\pi = 3.14\cdots\cdots$。

360°用弧度法表示……

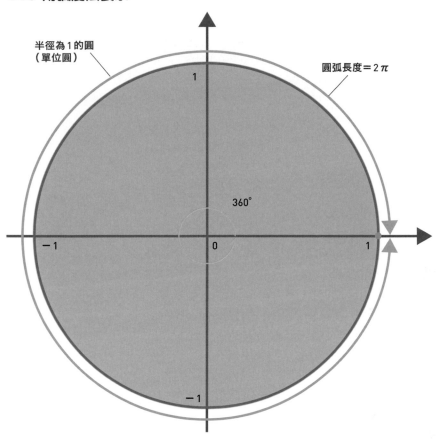

半徑為1的圓
（單位圓）

1

圓弧長度＝2π

360°

-1　　0　　1

-1

60°用弧度法表示……

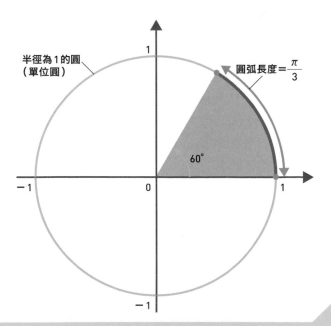

半徑為1的圓
（單位圓）

1

圓弧長度＝$\dfrac{\pi}{3}$

60°

-1　　0　　1

-1

使用弧度法表示角度，竟然如此方便！

扇形的弧長和面積也可以輕鬆表示

讓我們來看看如何用弧度法表示不同的角度。首先讓我們考慮180°。

在單位圓中，圓心角為180°的扇形弧長是$2\pi \times \frac{180°}{360°} = \pi$。因此，180°用弧度法表示為$\pi$。同樣地，60°表示為$2\pi \times \frac{60°}{360°} = \frac{\pi}{3}$。

使用弧度法表示角度，可以輕鬆計算扇形的弧長與面積。半徑為r，圓心角為θ（以弧度法表示）的扇形弧長，是將圓周長$2\pi r$乘以$\frac{\theta}{2\pi}$所得的「$r\theta$」。至於面積，則是將圓的面積$r^2\pi$乘上$\frac{\theta}{2\pi}$，即「$\frac{1}{2}r^2\theta$」。

在數學和物理學中，以弧度法來表示角度是相當普遍的作法。由於弧度法統一了弧度與角度的單位，大大簡化了相關公式及運算，尤其在高等數學中，其優點格外明顯。

度數法	弧度法
30°	$\frac{\pi}{6}$
45°	$\frac{\pi}{4}$
60°	$\frac{\pi}{3}$
90°	$\frac{\pi}{2}$
135°	$\frac{3\pi}{4}$
180°	π
270°	$\frac{3\pi}{2}$
360°	2π

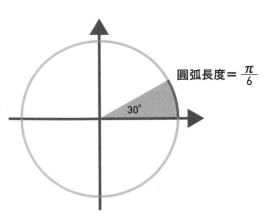

圓弧長度 $= \dfrac{\pi}{6}$

30°

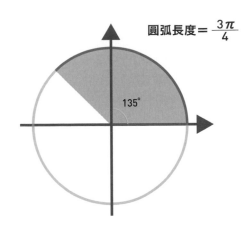

圓弧長度 $= \dfrac{3\pi}{4}$

135°

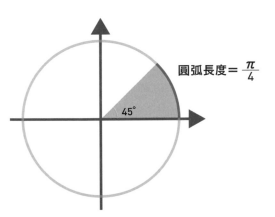

圓弧長度 $= \dfrac{\pi}{4}$

45°

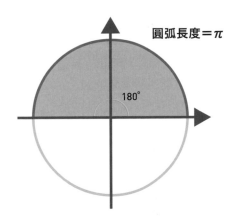

圓弧長度 $= \pi$

180°

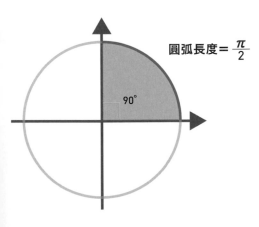

圓弧長度 $= \dfrac{\pi}{2}$

90°

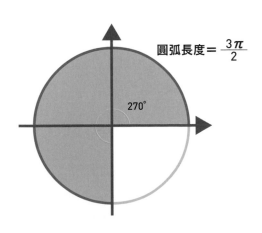

圓弧長度 $= \dfrac{3\pi}{2}$

270°

將正弦值的變化繪製成圖形，就會成為「波」！

「波」的圖形代表高度的變化！

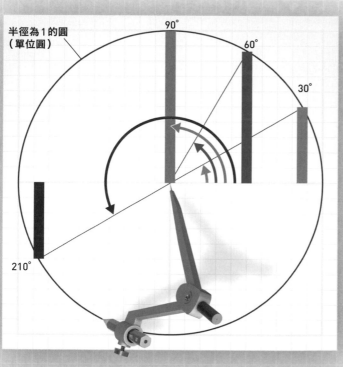

半徑為1的圓
（單位圓）

90°
60°
30°
210°

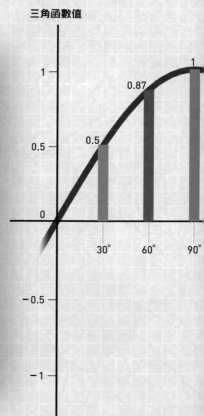

三角函數值

1
0.87
0.5

0

30°　60°　90°

−0.5

−1

三角函數不僅與三角形、圓形和旋轉密切相關，實際上還與「波」有深刻的關聯。這到底是怎麼一回事呢？

下圖中顯示了在半徑為 1 的圓上，當角度逐漸增大時，正弦值的變化。

角度0°的正弦值（sin 0°）為0，$\sin 30° = \frac{1}{2} = 0.5$，$\sin 60° = \frac{\sqrt{3}}{2} \fallingdotseq 0.87$。隨著角度增大，正弦值也跟著增大，到90°時為1。若旋轉超過90°，

則正弦值就會開始逐漸減小，到180°時變為0。

當旋轉角度超過180°時，點（圓規的筆尖）會位於圓心的下方（x軸的下方），所以正弦值變為負數，在270°時為－1，360°（1周）時回到0。

以角度為橫軸，將正弦值的變化繪製成圖形，其形狀就是「波」的形狀。

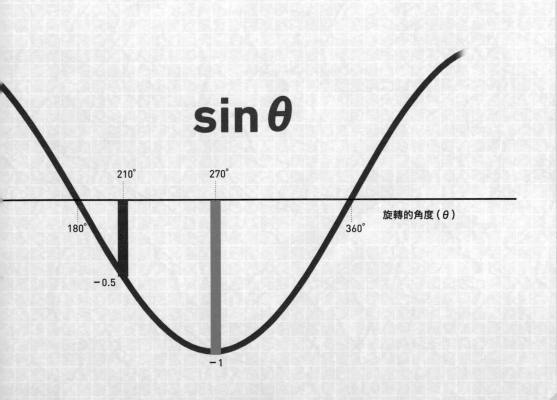

$\sin\theta$

210°

270°

180°

360°

旋轉的角度（θ）

－0.5

－1

餘弦的圖形也是「波」

餘弦波與正弦波有著相同的形狀！

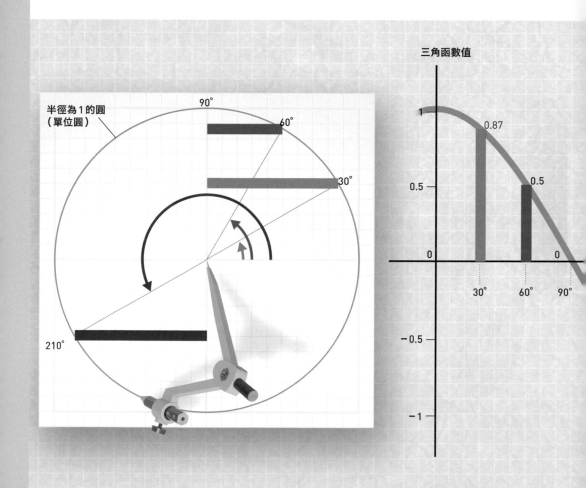

下 圖中顯示了在半徑為 1 的圓上，當角度逐漸增大時，餘弦值的變化。

角度0°的餘弦值（cos 0°）是1，$\cos 30° = \frac{\sqrt{3}}{2} \fallingdotseq 0.87$，$\cos 60° = \frac{1}{2} = 0.5$。隨著角度增大，餘弦值也會逐漸減小，到90°時變為0。

若旋轉超過90°，點（圓規的筆尖）將會跑到圓心的左側（y軸左側），所以餘弦值會變為負數。在180°時為－1，旋轉360°（一周）時回到1。

正弦的值表示沿著單位圓逆時針旋轉時，縱向位置的變化；相對的，餘弦的值表示橫向位置的變化。 若將兩者重疊，我們會發現餘弦波與正弦波只是互相偏移了90°（$\frac{\pi}{2}$），形狀完全相同。

旋轉與波，兩種觀念乍看之下或許是不相關的，其實它們透過三角函數緊密相連。

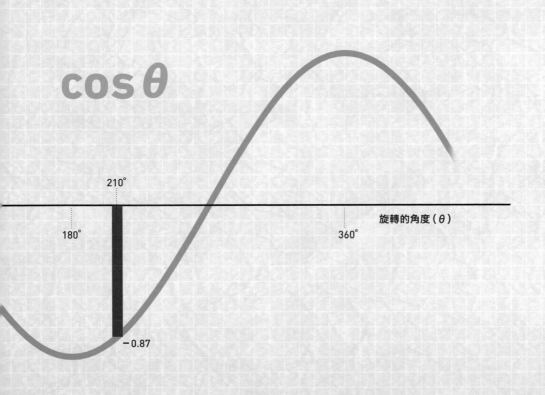

cos θ

210°

180°

360°

旋轉的角度（θ）

－0.87

話又說回來，「波」究竟是什麼？

前面我們已經討論過正弦和餘弦的圖形，知道它們會呈現波的形狀。在我們的生活周遭，其實也存在著各種波。那麼，究竟什麼是波呢？

波與「振動」密切相關。我們可以將波理解為「在某一點產生的振動向周圍傳播的現象」。某一地點的振動會引起相鄰地點的振動，而後者又會引起更遠處的振動……。這個過程不斷重複，就形成了波。

波的性質取決於兩個重要因素，「波長」和「振幅」。波長是波從一個波峰（最高點）到下一個波峰的長度，或相鄰兩個波谷的長度。振幅則是指波的振動幅度，距離振盪中心的最大位移，即波峰的高度。

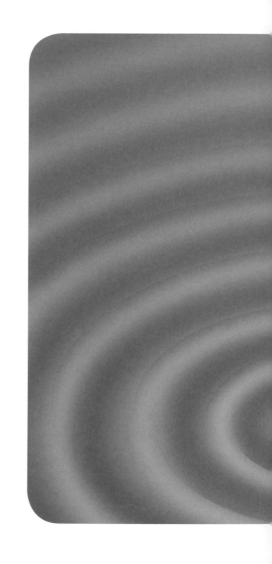

水面的波是如何形成的？

水面中心的振動會傳播到周圍，產生連續的振動，形成波紋。水面上的落葉因波浪而上下振動，但不會隨著波浪前進。波浪過後落葉會留在原位。水波的波形與較簡單的波如正弦波等不同，水波不僅會上下振動，也會做圓周運動。水的圓周運動臨近水面時半徑最大，愈往下，半徑就愈縮愈小，圓也愈會被壓扁成橢圓。

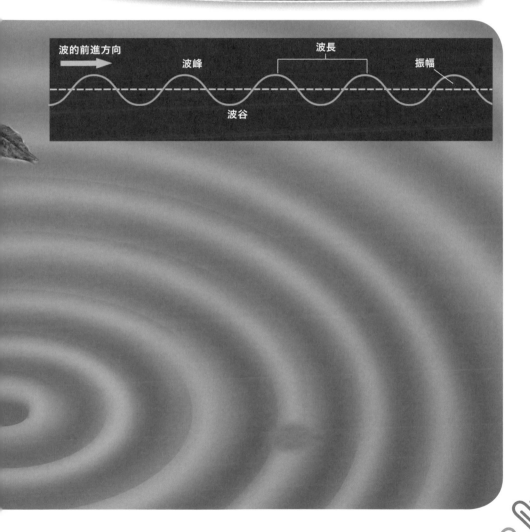

正切的變化也具有週期性

正切的圖形原來也有週期性！

由旋轉產生的正切軌跡

圖中顯示了將單位圓上逆時針旋轉的一點與圓心相連的直線，延伸到旋轉起點的正上方（或正下方）所形成的交點，其垂直位置（即正切值）的變化情況。將其繪製成圖表後，可看到這個曲線以180°為週期不斷地變化。

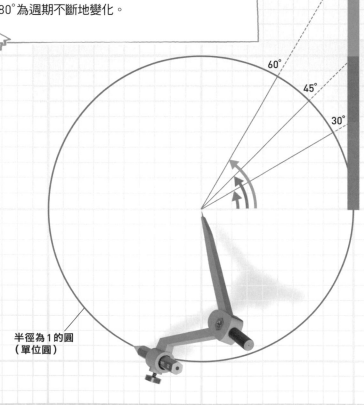

60°

45°

30°

半徑為1的圓
（單位圓）

下 圖中顯示了在半徑為 1 的圓上，當角度逐漸增大時，正切值的變化。

角度0°的正切值（tan 0°）為 0，tan30°＝$\frac{1}{\sqrt{3}}$≒0.58，tan45°＝1，tan60°＝$\sqrt{3}$≒1.73，隨著角度越來越接近90°，正切的值也變得越來越大，慢慢接近無限大（＋∞）。

當角度超過90°時，正切的值又從負無限大（－∞）開始增加，然後當角度達到180°時再次回到0。

以角度為橫軸，將正切值的變化繪製成圖形時，它的形狀不像正弦及餘弦那樣呈現出「波」的形狀，而是呈現一種週期性的形狀。

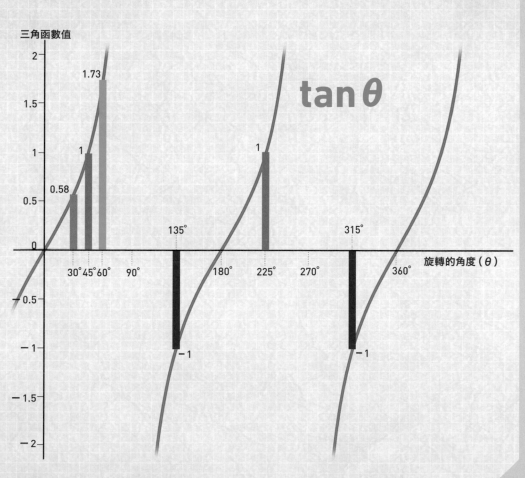

從三角函數到「圓」與「波」

「彈簧的振動」
中隱藏著正弦波

形狀與正弦波相同的波

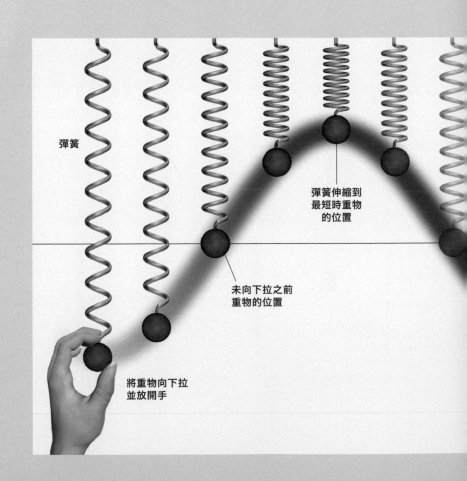

彈簧

彈簧伸縮到
最短時重物
的位置

未向下拉之前
重物的位置

將重物向下拉
並放開手

將彈簧的上端固定，並在另一端懸掛一個適當重物（如下圖）。當我們將重物向下拉並放開手時，彈簧將不斷伸縮，使得重物的位置上下擺動。

隨著時間的推移，重物的位置會如何變化呢？**若我們將重物的位置作為縱軸，時間作為橫軸，將其變化繪製成圖形，果然會形成一個波**。這個波形與我們在第106～107頁中看到的正弦波形相同。原來在「彈簧的振動」中，

也隱藏著三角函數。

實際上，在「擺錘的振動」中也隱藏著三角函數。若我們觀察擺錘的運動，同樣也會發現正弦波的存在※（如右下圖）。

在物理學中，彈簧和擺錘的振動被稱為「簡諧運動」（simple harmonic motion）。若用數學式子表示簡諧運動的位置變化，則一定會呈現正弦函數的形狀。因此，簡諧運動產生的波被稱為「正弦波」。

彈簧與擺錘的振動中，都有著正弦波的影子

將彈簧振動中重物的位置變化繪製成圖，會形成圖中紅色線的波形。這個波形與正弦波基本上是相同的。紀錄擺錘的振動，同樣會出現相同形狀的波。

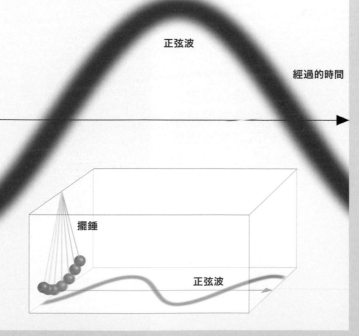

正弦波

經過的時間

擺錘

正弦波

※：擺錘的振動只有在角度足夠小的情況下才會呈現正弦波。

從三角函數到「圓」與「波」

我們的生活中充滿了「波」！

三角函數是分析波的重要數學工具

在 我們所居住的世界裡，充滿了各種不同的「波」。例如，一般認為「光」和「聲音」皆具有波的性質。

像智慧手機、微波爐等裝置所使用的「電磁波」，正如其名，也是一種波。而地震時產生的「地震波」也是一種波，透過這個形式傳播到遠方。從這些例子，我們可以看出波是如何充斥著生活中的每個角落。

這些波的形狀都可以用正弦或餘弦的圖形來表示。**換句話說，透過使用正弦或餘弦等具周期性的三角函數，我們可以解析這些波的特性**。三角函數在這方面是不可或缺的工具。

音波

光波

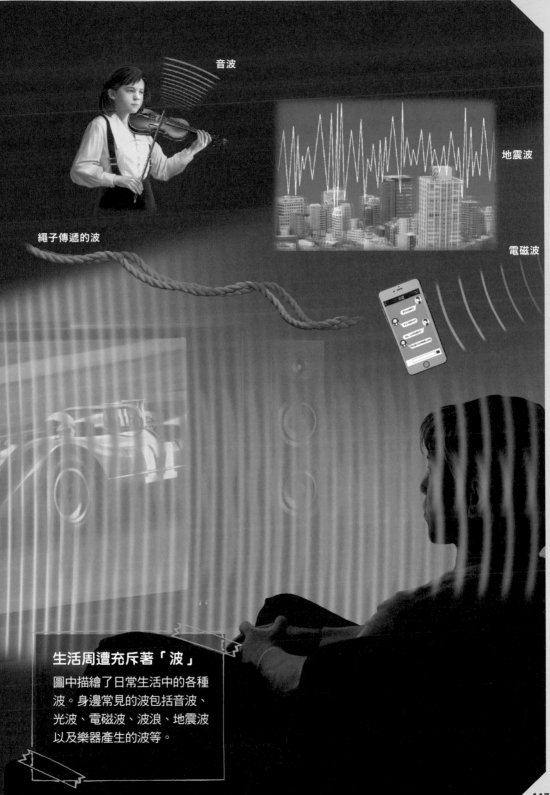

音波

地震波

電磁波

繩子傳遞的波

生活周遭充斥著「波」

圖中描繪了日常生活中的各種波。身邊常見的波包括音波、光波、電磁波、波浪、地震波以及樂器產生的波等。

Coffee Break

在螺旋梯上出現的 「三角函數」曲線

螺旋梯因其設計感等特點,在許多建築中都可以看到。當我們從側面觀察螺旋梯時,會看到扶手的部分呈現出美麗的波浪狀曲線。

　這個曲線與「三角函數」有著密切的關聯。右上方顯示的是「$y = \sin x$」的圖形。假設有一個半徑為1的圓,圓周上的一點以逆時針方向旋轉。隨著點的旋轉,點的高度位置呈波浪狀變化。**將該圖形的方向由橫向改為縱向,就成了與螺旋梯扶手相同的曲線**。編註

　究竟為何螺旋梯上會出現與三角函數圖形相同的形狀呢?

　從頂部俯瞰螺旋梯時,扶手恰好會形成一個圓。當我們一階一階向上爬,旋轉的角度也逐漸增加,因此從側面看扶手的位置就與「$y = \sin x$」的圖形相同。

編註:數學術語「螺線」(spiral)是以連續變化的半徑朝向或遠離中心點移動的曲線。

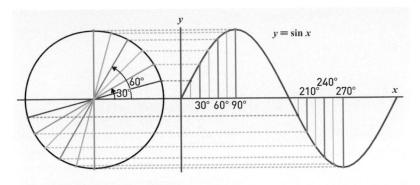

三角函數 $y=\sin x$ 的圖形

圓的右邊所繪製的是「$y=\sin x$」的圖形。橫軸（x）代表左側半徑為 1 的圓上所示的旋轉角度（例如30°或60°），縱軸（y）代表該旋轉角度對應的圓周上點的高度位置。如圖中所示，隨著旋轉角度增加，$\sin x$ 的值會呈現波浪狀的變化。

螺旋梯的美麗波形是「旋轉」所創造的

這是位於新加坡武吉士（Bugis）地區某建築中，一座色彩繽紛的螺旋梯的照片。扶手形成波浪狀的曲線（紅色曲線），與三角函數「$y=\sin x$」的圖形相同。

5
支撐著先進技術 的三角函數

在我們的日常生活中，充滿著如智慧手機、
掃地機器人等各式各樣的產品。這些產品的
運作仰賴著最先進的科技，而這些科技都與
三角函數有著密不可分的關係。在本章中，
我們將探討三角函數在這些技術中的應用。

說話的聲音和樂器的聲音也可以用波的形式表示

空氣的振動以波的形式傳遞

聲音是「空氣密度的波」

將電壓施加在揚聲器上,電壓變化的波形會在名為「振膜」的構造上轉換為振動。當振膜向前移動時,其前方的空氣密度增加,而向後移動時則減少。這種反覆運動產生的空氣振動波將以聲音的形式傳播。

智慧手機等產品使用到的語音辨識技術中，需要對聲音進行分析和處理。在討論這個技術之前，讓我們先看看聲音是什麼。

當人說話或唱歌時，會使喉嚨中的聲帶振動，導致空氣振動。這種振動會碰撞到對方耳中的耳膜，並成為對方聽到的聲音。

空氣的振動會導致空氣的密度隨時間疏密變化。**如果把橫軸設為時間，縱軸設為密度，則空氣的振動可以表示為「波」**^{編註}。例如，日文中的「こんにちは」（ko n ni chi wa，你好）這個聲音的波形非常複雜（如右下圖）。正是這種複雜的波形，幫我們攜帶聲音的資訊。

不僅人類的聲音具有複雜的波形，像是鋼琴和小提琴等樂器的聲音也具有複雜且各具特色的波形。反向思考，如果能夠透過某種方法，讓空氣的振動忠實地模擬出鋼琴聲的波形，就能夠還原出鋼琴的聲音。這便是「揚聲器」（音箱）的運作原理。

編註：聲波是縱波（又稱疏密波），振動方向與行進方向相同。與繩波、光波、電磁波等「橫波」（又稱高低波）不同，橫波的振動方向與行進方向垂直。

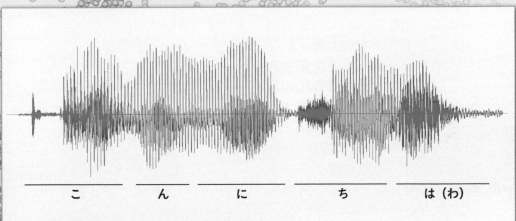

こ　　　ん　　　に　　　ち　　　は（わ）

將「こんにちは」的聲音表現成波的話？

將成人男性說「こんにちは」時的聲音表示為波形，會得到如上圖所示的複雜形狀。圖中橫軸表示時間，縱軸表示空氣密度。雖然聲音的大小可以透過波的高度（振幅）得知，但從波形中讀取頻率（frequency，波在一定時間內重複的次數）則相對困難。

複雜的波也可以用簡單的波「相加」而成

任何聲音都可以分解為簡單的波

像是說話的聲音或樂器的聲音等複雜的波,其實可以看成是簡單的波相加而成。

讓我們來想像由簡單的正弦波形成的聲音。此時,聲音的大小可以由波的波峰(和波谷)的高度得知,音高(pitch)則會表現在頻率(1秒間振動的次數)上。

然而,對於說話的聲音等複雜的波形,無法如此輕易地從中解讀出這些特徵。這時派上用場的就是「疊加原理」(superposition principle)這項波的性質。疊加原理指的是,當兩個或更多波重疊時,波的大小(位移)將會等於原本的波的大小總和。編註

因此,**透過將簡單的波,例如各式各樣的正弦波進行相加,再複雜的波形都能夠被創造出來。**反過來說,任何複雜的波都可以分解為簡單的正弦波(餘弦波亦同)來進行分析(如右圖)。

編註:波疊加在一起時,波形會變得複雜。不過原本的波還存在,所以兩個波會交錯而過,再度出現兩個原本的波。波在「相撞」的前後會保持「獨立性」,不受其他波的影響。

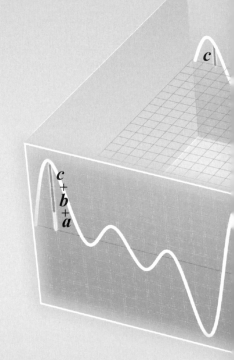

④ $y = \sin x + \sin 2x + \sin 3x$

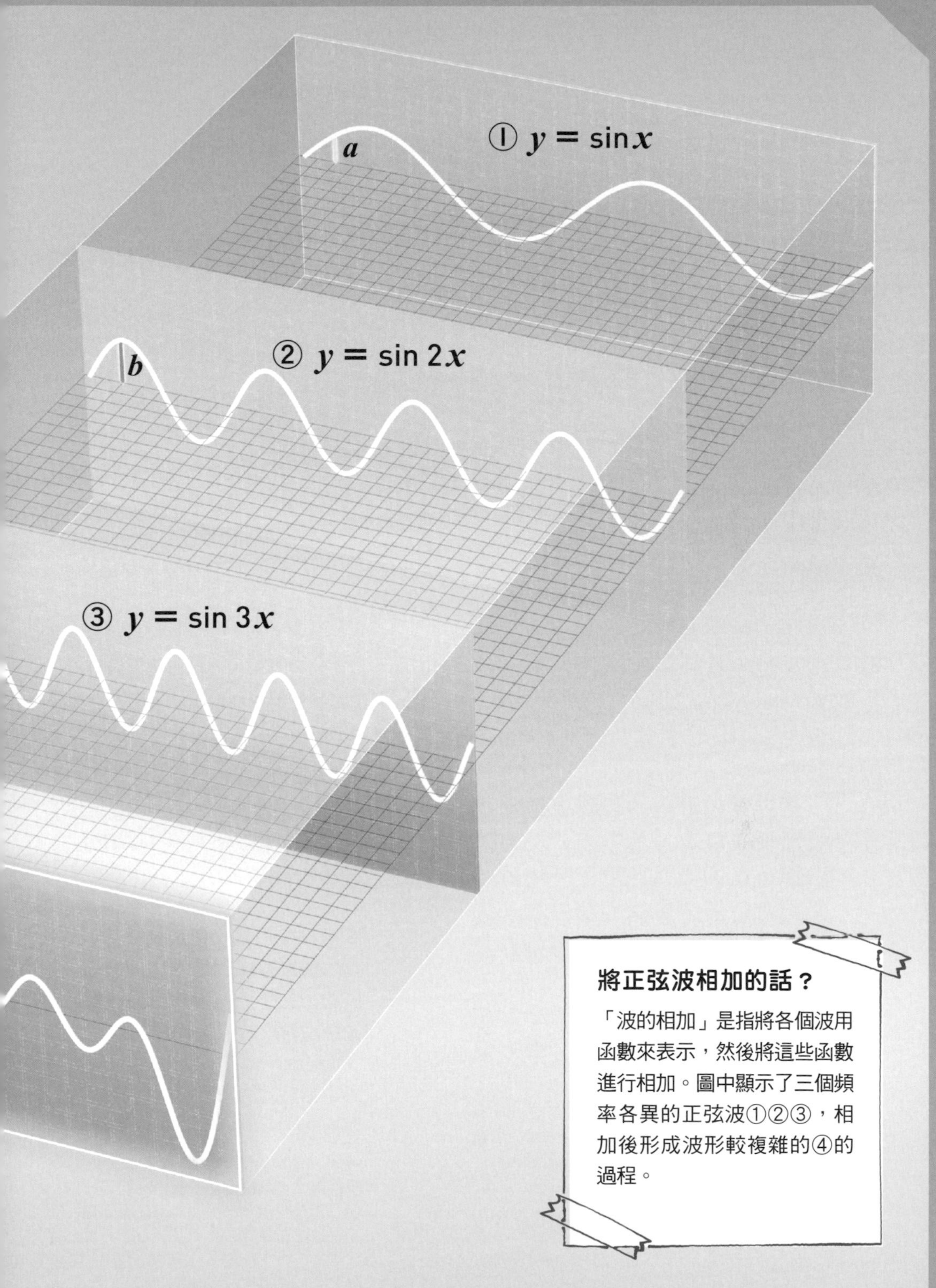

① $y = \sin x$

a

② $y = \sin 2x$

b

③ $y = \sin 3x$

將正弦波相加的話？

「波的相加」是指將各個波用
函數來表示，然後將這些函數
進行相加。圖中顯示了三個頻
率各異的正弦波①②③，相
加後形成波形較複雜的④的
過程。

任何形狀的波都可以用三角函數來表示

不僅是正弦波，餘弦波也可以表示各種波形

任何複雜的波形都可以用正弦波和餘弦波的相加來表示。這意謂著，只要將各種不同長度的音叉※排列起來，分別敲擊它們，理論上就可以再現任何樂器或任何人的聲音。首先提出這個理論的，是法國物理學家暨數學家傅立葉（Joseph Fourier，1768～1830）。

傅立葉在函數的領域上提出了一項重要發現。他指出「任何函數都可以透過將各種正弦和餘弦函數進行無限多次相加的式子來表示」（後來發現能夠用這種方式表示的函數須符合特定的條件）。而這個「無限相加的正弦和餘弦函數的式子」現在稱為「傅立葉級數」（Fourier series）。

※：敲擊後能發出特定頻率聲音的金屬製叉狀樂器。長度不同的音叉會產生不同頻率的聲音。

就連「方形波」都能這樣表示

傅立葉級數是將不同頻率的正弦（sin）和餘弦（cos）函數無限相加所得的數學式（上方的式子）。下面所示的公式是傅立葉級數的一個例子。隨著逐漸增加要相加的正弦函數數量（正整數m的值），波的形狀會逐漸接近「方形波（或稱矩形波）」（square wave）。當相加的正弦函數數量為無限時（ $m \to \infty$ ），將能夠形成完全的方形波。[編註]

編註：由於方波只有高（1）和低（0）兩個值，可以快速從一個值轉至另一個（即0→1或1→0），因此廣泛應用於數位開關電路中。

傅立葉級數

$$f(x) = \frac{a_0}{2} + a_1 \cos x + a_2 \cos 2x$$
$$+ a_3 \cos 3x \cdots$$
$$+ b_1 \sin x + b_2 \sin 2x$$
$$+ b_3 \sin 3x \cdots$$

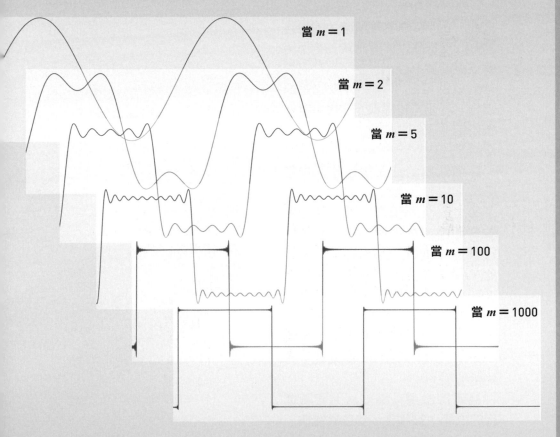

當 $m = 1$

當 $m = 2$

當 $m = 5$

當 $m = 10$

當 $m = 100$

當 $m = 1000$

$$f(x) = \left(\frac{\pi}{4}\right)\left\{\sin x + \frac{1}{3}\sin 3x + \frac{1}{5}\sin 5x + \frac{1}{7}\sin 7x + \frac{1}{9}\sin 9x + \right.$$
$$\left. \cdots + \frac{1}{2m-1}\sin(2m-1)x + \cdots\right\}$$

複雜的波可以透過傅立葉轉換進行分析

可以知道包含哪些頻率的正弦波和餘弦波

將聲音和樂器等所產生的複雜波形視為一個函數，並使用傅立葉級數來表示，就可以將它們分解成簡單的正弦波和餘弦波的組合。這個過程被稱為「傅立葉級數展開」（extension of Fourier series）。

將較複雜的波函數進行傅立葉級數展開後，可以了解其中包含了哪些音高的聲音，以及這些不同音高的組成比例，進而能夠進行聲音和樂器音色的分析。為此，需要計算出不同頻率的正弦波和餘弦波的組成比例。這也就代表需要求出傅立葉級數中的sin和cos前的係數（即傅立葉係數 Fourier coefficients，如前頁中的 a_1 和 b_1 等）。

為了解出這些傅立葉係數所進行的計算，被稱為「傅立葉轉換」（Fourier transform）。

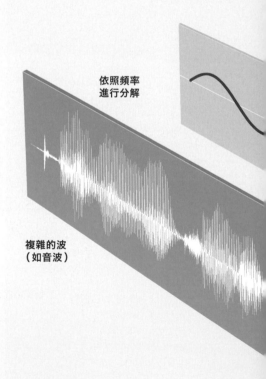

依照頻率
進行分解

複雜的波
（如音波）

傅立葉轉換是「聲音的稜鏡」

圖中顯示了傅立葉轉換的基本原理。就像稜鏡可以將陽光分解成各種不同顏色的光一樣，使用傅立葉轉換可以將複雜的聲音等波形分解成許多簡單的波形，並且可以知道它們的組成情形。智能音箱也是透過分析這些資料來識別語音的。而傅立葉轉換的反操作「傅立葉逆轉換」（Inverse Fourier transform, IFT）則是根據某個語音簡單波形的組成，以人為方式重現，就能發出聽起來像該語音的人工合成聲音。

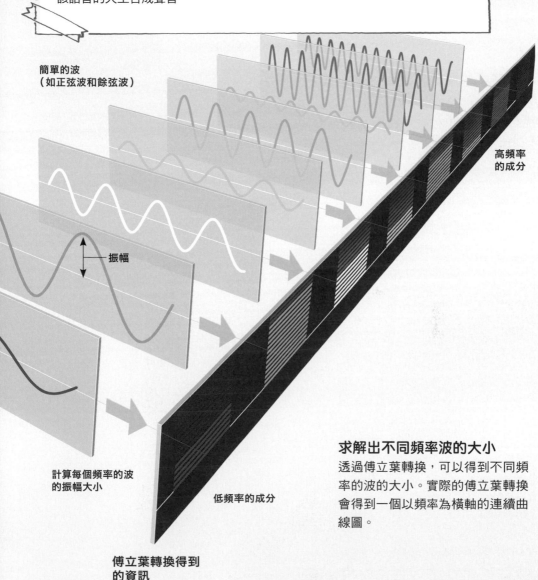

簡單的波
（如正弦波和餘弦波）

高頻率
的成分

振幅

計算每個頻率的波
的振幅大小

低頻率的成分

傅立葉轉換得到
的資訊

求解出不同頻率波的大小

透過傅立葉轉換，可以得到不同頻率的波的大小。實際的傅立葉轉換會得到一個以頻率為橫軸的連續曲線圖。

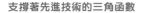
支撐著先進技術的三角函數

能夠壓縮圖像和影片，
也是三角函數的功勞

乍看之下與波無關的圖像，
實際上也可以轉換成波的形式

傳立葉轉換能夠計算一個複雜的波是由哪些簡單的波組合而成。相反地，將多個波組合在一起的過程稱為「傅立葉逆轉換」（IFT）。**透過這些方法來研究波的性質，並利用波的特性的過程被稱為「傅立葉分析」（Fourier analysis）。**

傅立葉分析也被應用於圖像的壓縮。例如，黑白圖像可以看作是由不同深淺度的點所組成的集合。我們可以將這些點視為不同週期的條紋的組合，然後進行傅立葉轉換。接著，我們將人眼難以分辨的高頻率（細緻的條紋）從圖像中移除，藉此降低資料的精細程度，如此就能在不改變其外觀的前提下壓縮資料的大小。對於彩色圖像，我們需要對R（紅色）、G（綠色）、B（藍色）分別進行這些操作，然後再合併。

此外，**傅立葉分析還被廣泛應用於分析地震波以輔助建築設計，或使用在主動降噪耳機等產品中。傅立葉分析的應用，可以說是多不勝數。**

傅立葉轉換在影片和聲音資料壓縮中的應用

這裡描繪了將JPEG圖像看作是「不同週期的條紋圖案的組合」的概念。影片和聲音資料的壓縮[編註]中，也應用了傅立葉轉換。

編註：聲音資料的壓縮與影像資料類似，也是藉由傅立葉轉換分析資料的頻率分量，然後依照人類聽覺特性，消除部分落在人類聽覺死角的聲音資料，實現有效率的資料壓縮。

拿破崙時代將三角函數發揚光大的數學家

傅立葉出生於法國歐塞爾（Auxerre）。幼年時失去雙親，成為孤兒，小小年紀便展現出數學的天賦。1789年，傅立葉21歲，當時正值法國大革命，國內混亂不安。平定了這場混亂的，是日後登基為皇帝的拿破崙（Napoleon Bonaparte，1769～1821）。

1798年，拿破崙率領法國軍隊進行埃及遠征，並攜帶科學家們同行。其中一位科學家就是當時在巴黎綜合理工學院（École Polytechnique）擔任教師的傅立葉。在這次遠征中，法軍在尼羅河口附近名為羅塞塔的城鎮，發現了著名的「羅塞塔石碑」（Rosetta Stone），上面刻有古埃及象形文字（hieroglyphs）和希臘文。傅立葉等科學家將羅塞塔石碑進行複製，並帶回法國。

回國後，傅立葉因其行政才能受到拿破崙的重用，被任命為某個省的長官。除了省長的工作，傅立葉也繼續進行數學和物理學的研究，其中他特別熱中的是關於「熱傳導」的研究。當時由於蒸汽機的出現，熱傳導成為眾科學家眼中的重要課題。當金屬棒的一點受熱時，熱量會隨著時間在棒子的內部傳播。在傅立葉之前，還沒有人知道如何用數學公式來表示這種熱傳導的方式。

在研究如何用數學式來表達熱傳導的過程中，傅立葉提出了一項重要的發現。他發現「任何函數都可以表達成無限多的各種正弦和餘弦的組合（傅立葉級數）」。

傅立葉
(Joseph Fourier，1768～1830)

以「傅立葉分析」留名後世的傅立葉，是活躍於拿破崙時代的法國物理學暨數學家。投身於研究熱傳導的傅立葉，也是第一個研究「溫室效應」（greenhouse effect）的人，他指出由於大氣層的存在，地球的高溫才得以保持（然而，第一個使用「溫室」來描述二氧化碳影響的人，是瑞典氣象學家埃科赫姆（Nils Gustaf Ekholm）而非傅立葉）。

掃地機器人的「智慧」也仰賴三角函數

利用三角函數的性質來計算與目標物的距離

能夠自動幫我們清潔房間的「掃地機器人」也運用了三角函數。

舉例來說，**在偵測障礙物的感測器中，有些是利用三角形的特性來測量與目標物的距離。當光線正射到前方，並反射回來時，只要知道光線反射回來的角度，使用三角函數進行計算，便能推算出距離**（如右上圖）。

另外，如果在掃地機器人的底部安裝距離感測器，還能避免它不小心從樓梯上跌落。掃地機器人底部與地面的距離在通常情況下會維持定值，但當它接近樓梯邊緣時，地面與底部的距離會突然增加。如果感測器能夠迅速感知到這個變化，就能夠在跌落樓梯之前及時停止。

有些高階型的掃地機器人甚至能夠使用照片來建立室內地圖。這類機種可以從不同位置拍攝的照片中，找出共同的特徵點，並使用三角測量（第26～27頁）的原理計算距離。這樣一來，機器人在製作室內地圖的同時，還可以確定自己的位置。有了室內地圖，機器人就能高效地清潔整個房間，不會遺漏任何一個角落。

障礙物（牆壁等）

光線撞到障礙
物上並散射

x

透鏡

透鏡

θ

紅外線LED

L

感光元件

計算與障礙物距離的方法

從LED燈泡發出的光經由透鏡直線前進，撞到正前方的障礙物。障礙物使光線散射，其中一部分散射光透過透鏡照射到感光元件上。因為這樣，我們可以畫出一個以LED燈泡、光線撞到物體的點、感光元件接收光線的點為頂點的直角三角形。若是以感光元件接收光線的角度為 θ，LED燈泡與感光元件的距離為 L，LED燈泡到物體的距離為 x，則由於 $\tan\theta = \dfrac{x}{L}$，可以得到 $x = L\tan\theta$。只要知道 L 和 θ 的值，就能夠求得與目標物體的距離 x。

最新的VR遊戲中也少不了三角函數的應用

如此就能表現射擊遊戲中視角的轉換

三 角函數在電腦遊戲的程式編寫中也是不可或缺的。

以使用VR（virtual reality虛擬實境）技術的遊戲為例。在體驗VR時會戴上類似眼罩的頭戴式設備，其內部會顯示影像。當我們移動時，影像也會隨之變動，呈現出與現實不同的感覺。VR頭戴設備裝置了許多感測器，根據感測器收集到的資訊來改變影像。這裡就輪到三角函數登場了。

例如，在左頁圖中，玩家持槍向右看，VR頭戴式設備顯示著遊戲內的場景和玩家手上的槍。此時，**只要保持視線水平，然後將頭部逆時針旋轉 θ 角度，影像會根據三角函數的計算而轉換成回轉角 θ 對應的畫面（右頁）。**

只要知道影像的距離（VR頭戴式設備的透鏡軸心到顯示器平面），和影像的大小（顯示器螢幕高度），再利用三角函數，就可以求出視角 α，$\tan\left(\frac{\alpha}{2}\right)$ ＝顯示器螢幕高度的一半／VR透鏡軸心到顯示器平面的距離。

影像根據回轉角 θ 的變化而改變

回轉角 θ

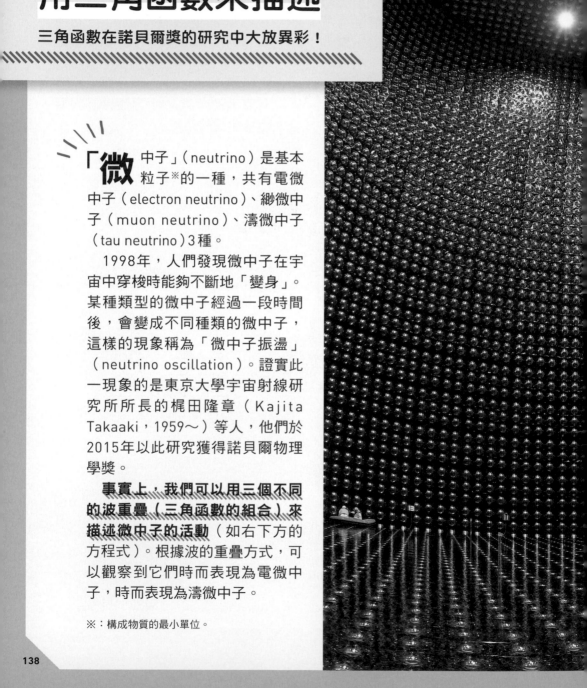

微中子的運動，可以用三角函數來描述

三角函數在諾貝爾獎的研究中大放異彩！

「**微**中子」（neutrino）是基本粒子※的一種，共有電微中子（electron neutrino）、緲微中子（muon neutrino）、濤微中子（tau neutrino）3種。

1998年，人們發現微中子在宇宙中穿梭時能夠不斷地「變身」。某種類型的微中子經過一段時間後，會變成不同種類的微中子，這樣的現象稱為「微中子振盪」（neutrino oscillation）。證實此一現象的是東京大學宇宙射線研究所所長的梶田隆章（Kajita Takaaki，1959～）等人，他們於2015年以此研究獲得諾貝爾物理學獎。

事實上，我們可以用三個不同的波重疊（三角函數的組合）來描述微中子的活動（如右下方的方程式）。根據波的重疊方式，可以觀察到它們時而表現為電微中子，時而表現為濤微中子。

※：構成物質的最小單位。

在超級神岡探測器（Super-Kamiokande）中觀測到微中子的「變身」

微中子在空間中傳播時會「變身」。從宇宙中飛來的質子等粒子，會與地球大氣層中的原子核產生碰撞，產生微中子。梶田所長等人利用東京大學的超級神岡探測器（如照片），觀測這些微中子。他們觀察到從上方飛來的微中子，以及從地球另一邊飛來，飛行距離更長的微中子，透過調查這些微中子的種類，證實了微中子振盪的發生。

將微中子的「味或風味」（flavor）編註以三個波的重疊來表示的方程式

$$
\begin{pmatrix} \nu_e \\ \nu_\mu \\ \nu_\tau \end{pmatrix} = \begin{pmatrix} 1 & 0 & 0 \\ 0 & \cos\theta_{23} & \sin\theta_{23} \\ 0 & -\sin\theta_{23} & \cos\theta_{23} \end{pmatrix} \begin{pmatrix} \cos\theta_{13} & 0 & \sin\theta_{13}\,e^{i\delta cp} \\ 0 & 1 & 0 \\ -\sin\theta_{13}\,e^{i\delta cp} & 0 & \cos\theta_{13} \end{pmatrix} \begin{pmatrix} \cos\theta_{12} & \sin\theta_{12} & 0 \\ -\sin\theta_{12} & \cos\theta_{12} & 0 \\ 0 & 0 & 1 \end{pmatrix} \begin{pmatrix} \nu_1 \\ \nu_2 \\ \nu_3 \end{pmatrix}
$$

三種微中子 ── 包含三角函數的矩陣 ── 三種波

編註：flavor一詞創於1968年，用來說明由夸克（Quark）或反夸克透過強作用力綑綁在一起的複合粒子強子（hadron）的夸克模型，是基本粒子的一種量子數（quantum number）。

後記

到這裡「三角函數」就告一段落了。你覺得如何呢？

從古希臘天文學發展而來的三角函數，伴隨著文明的進步，與我們生活的關聯性日益加深。在沒有GPS和無人機的時代，我們能製作精確的地圖，安全的進行航海，都要歸功於三角函數。而在現今，象徵著最先進技術的VR遊戲和智慧家電等，背後也有著三角函數的活躍。相信許多人會對此感到驚訝吧。

此外，我們也了解到三角函數與「波」之間有著深厚的關聯，且若能以「圓」的角度來思考，不拘泥於三角形的束縛，能夠更好的理解三角函數。

數位資訊充斥的現代社會，可以說是基於三角函數背後的邏輯而建立的。實際上，三角函數還潛藏著許多深奧的性質，本書中還來不及全部介紹。因此，不妨趁此機會，先從本書開始跨入三角函數的領域吧。

《新觀念伽利略－三角函數》「十二年國教課綱數學領域學習內容架構表」

第一碼「主題代碼」：N（數與量）、S（空間與形狀）、G（坐標幾何）、R（關係）、A（代數）、F（函數）、D（資料與不確定性）。
　　　　　其中R為國小專用，國中、高中轉為A和F。

第二碼「年級代碼」：7至12年級，11年級分11A、11B兩類，12年級選修課程分12甲、12乙兩類。

第三碼「流水號」：學習內容的阿拉伯數字流水號。

頁碼	單元名稱	階段/科目	十二年國教課綱數學領域學習內容架構表
014	用一根棒子就能測量金字塔的高度	國中/數學	S-9-2 **三角形的相似性質**：對應邊長之比＝對應高之比；利用三角形相似的概念解應用問題。
016	只要善用「角度」，就能測量地球的周長	國中/數學	S-9-6 **圓的幾何性質**：圓心角、圓周角與所對應弧的度數三者之間的關係。
018	用在古代測量中的「3：4：5直角三角形」	國中/數學	S-8-6 **畢氏定理**：勾股弦定理（商高定理）的意義及其數學史；畢氏定理在生活上的應用；三邊長滿足畢氏定理的三角形必定是直角三角形。
020	古巴比倫的黏土板可能是世界上最古老的「三角函數表」	國中/數學	S-9-6 **圓的幾何性質**：圓心角、圓周角與所對應弧的度數三者之間的關係。
022	最重要的「畢氏定理」	國中/數學	S-8-6 **畢氏定理**：三邊長滿足畢氏定理的三角形必定是直角三角形。
024	透過計算可以得知東京晴空塔上的視野範圍	國中/數學	S-8-6 **畢氏定理**：畢氏定理在生活上的應用；三邊長滿足畢氏定理的三角形必定是直角三角形。 S-9-7 **點、直線與圓的關係**：點與圓的位置關係（內部、圓上、外部）；直線與圓的位置關係（不相交、相切、交於兩點）；圓心與切點的連線垂直此切線（切線性質）。
		高中/數學	G-10-4 **直線與圓**：圓的切線，圓與直線關係的代數與幾何判定。
026	三角函數能夠創造出精確的地圖	高中/數學	G-10-7 **三角比的性質**：三角測量。
028	三角函數中的「函數」到底是什麼？	國中/數學	F-8-1 **一次函數**：透過對應關係認識函數。
		高中/數學	G-10-1 **一次與二次函數**：從方程式到 $f(x)$ 的形式轉換，一次函數圖形與 $y = mx$ 圖形的關係。 F-12甲-1 函數：對應關係。 F-12乙-1 函數：對應關係。
032	古希臘的天文學孕育了三角函數	國中/數學	S-9-7 **點、直線與圓的關係**：點與圓的位置關係；直線與圓的位置關係；圓心到弦的垂直線段（弦心距）垂直平分此弦。
034	正弦、餘弦、正切，到底是什麼？	高中/數學	G-10-6 **三角比**：定義銳角的正弦、餘弦、正切，推廣至廣義角的正弦、餘弦、正切，特殊角的值。
036	只需要測量角度，便可得知邊長	高中/數學	G-10-6 **三角比**：廣義角的正弦、餘弦、正切，特殊角的值，使用計算機的sin,cos,tan鍵。
038	第一個三角函數「正弦」	高中/數學	G-10-6 **三角比**：定義銳角的正弦。
040	正弦的值在這種時候派上用場	高中/數學	G-10-6 **三角比**：定義銳角的正弦，推廣至廣義角的正弦，特殊角的值。
042	正弦在太陽能板的設置中發揮巨大作用	高中/數學	G-10-6 **三角比**：定義銳角的正弦，推廣至廣義角的正弦，特殊角的值，使用計算機的sin,cos,tan鍵。
044	利用正弦，確立了世界共通的度量單位「公尺」	高中/數學	G-10-7 **三角比的性質**：正弦定理，三角測量。

046	第二個三角函數「餘弦」	高中/數學	G-10-6 **三角比**：定義銳角的餘弦。
048	伊能忠敬也使用了餘弦	高中/數學	G-10-7 **三角比的性質**：餘弦定理，三角測量。
050	第三個三角函數「正切」	高中/數學	G-10-6 **三角比**：定義銳角的正切。
056	畢達哥拉斯開啟的數學世界	國中/數學	S-8-6 **畢氏定理**：畢氏定理的數學史；三邊長滿足畢氏定理的三角形必定是直角三角形。
060	正弦和餘弦，是「一體兩面的關係」	高中/數學	G-10-6 **三角比**：定義銳角的正弦、餘弦。
062	連結正弦和餘弦的畢氏定理	國中/數學	S-8-6 **畢氏定理**：勾股弦定理（商高定理）的意義及其數學史；三邊長滿足畢氏定理的三角形必定是直角三角形。
064	將正弦、餘弦、正切合而為一	高中/數學	G-10-6 **三角比**：定義銳角的正弦、餘弦、正切。
066	以餘弦為主角的「餘弦定理」	高中/數學	G-10-7 **三角比的性質**：餘弦定理。
068	利用餘弦定理來求得無法直接測量的距離	高中/數學	G-10-6 **三角比**：廣義角的餘弦。 G-10-7 **三角比的性質**：餘弦定理。
070	以正弦為主角的「正弦定理」	高中/數學	G-10-7 **三角比的性質**：正弦定理。
072	正弦定理在天文學中也大有用途	高中/數學	G-10-7 **三角比的性質**：正弦定理。
074	兩角和或差的三角函數值，可透過「和差角定理」得知	高中/數學	G-11A-5 **三角的和差角公式**：正弦與餘弦的和差角公式。
076	發現和差角定理的古希臘天文學家	高中/數學	G-11A-5 **三角的和差角公式**：正弦與餘弦的和差角公式。
086	三角函數的重要公式集	高中/數學	G-10-6 **三角比**：定義銳角的正弦、餘弦、正切，推廣至廣義角的正弦、餘弦、正切，特殊角的值。 G-10-7 **三角比的性質**：正弦定理，餘弦定理。
088	在無法看見陸地的大海上如何確定自己的位置？	國中/數學	G-7-1 **平面直角坐標系**：以平面直角坐標系、方位距離標定位置。
		高中/數學	G-10-7 **三角比的性質**：正弦定理，餘弦定理，正射影。（三角測量）。
094	將三角函數從直角三角形的限制中解放出來	高中/數學	G-10-1 **坐標圖形的對稱性**：坐標平面上，對 軸，對 軸，對＝直線的對稱，對原點的對稱。 G-10-6 **三角比**：推廣至廣義角的正弦、餘弦、正切，特殊角的值。
096	只要用「圓」來思考，就能處理任何角度	高中/數學	G-10-1 **坐標圖形的對稱性**：坐標平面上，對 軸，對 軸，對 = 直線的對稱，對原點的對稱。 G-10-6 **三角比**：推廣至廣義角的正弦、餘弦、正切，特殊角的值。
098	「坐標」連結數學式和圖形	國中/數學	G-7-1 **平面直角坐標系**：平面直角坐標系及其相關術語（縱軸、橫軸、象限）。
100	使用單位圓定義三角函數	國中/數學	G-7-1 **平面直角坐標系**：平面直角坐標系及其相關術語（縱軸、橫軸、象限）。
		高中/數學	G-10-1 **坐標圖形的對稱性**：坐標平面上，對 軸，對 軸，對＝直線的對稱，對原點的對稱。
102	使用半徑為1的圓弧表示角度的「弧度法」	高中/數學	N-11A-1 **弧度量**：弧度量的定義，弧長。 N-11B-1 **弧度量**：弧度量的定義，弧長。
104	使用弧度法表示角度，竟然如此方便	高中/數學	N-11A-1 **弧度量**：弧度量的定義，弧長與扇形面積。 N-11B-1 **弧度量**：弧度量的定義，弧長與扇形面積。

106	將正弦值的變化繪製成圖形，就會成為「波」	高中/數學	F-11A-1 **三角函數的圖形**：sin函數的圖形、週期性，週期現象的數學模型。 F-11B-1 **週期性數學模型**：正弦函數的圖形、週期性，其振幅、週期與頻率，週期性現象的範例。
108	餘弦的圖形也是「波」	高中/數學	F-11A-1 **三角函數的圖形**：cos函數的圖形、週期性，週期現象的數學模型。 F-11A-2 **正餘弦的疊合**：同頻波疊合後的頻率、振幅。
112	正切的變化也具有週期性	高中/數學	G-10-7 **三角比的性質**：連結斜率與直線斜角的正切。 F-11A-1 **三角函數的圖形**：tan函數的圖形、週期性，週期現象的數學模型。
114	「彈簧的振動」中隱藏著正弦波	高中/數學	F-11A-1 **三角函數的圖形**：sin函數的圖形、週期性，週期現象的數學模型。 F-11B-1 **週期性數學模型**：正弦函數的圖形、週期性，其振幅、週期與頻率，週期性現象的範例。
116	我們的生活中充滿了「波」	高中/數學	F-11A-1 **三角函數的圖形**：sin, cos函數的圖形、週期性，週期現象的數學模型。 F-11B-1 **週期性數學模型**：正弦函數的圖形、週期性，其振幅、週期與頻率，週期性現象的範例。
118	在螺旋梯上出現的「三角函數」曲線	高中/數學	F-11A-1 **三角函數的圖形**：sin函數的圖形、週期性，週期現象的數學模型。
124	複雜的波也可以用簡單的波「相加」而成	高中/數學	F-11A-2 **正餘弦的疊合**：同頻波疊合後的頻率、振幅。
126	任何形狀的波都可以用三角函數來表示	高中/數學	F-11A-1 **三角函數的圖形**：sin, cos, tan函數的圖形、週期性，週期現象的數學模型。
128	複雜的波可以透過傅立葉轉換進行分析	高中/數學	F-11A-1 **三角函數的圖形**：sin, cos函數的圖形、週期性，週期現象的數學模型。 F-11A-2 **正餘弦的疊合**：同頻波疊合後的頻率、振幅。 F-11B-1 **週期性數學模型**：正弦函數的圖形、週期性，其振幅、週期與頻率，週期性現象的範例。
132	拿破崙時代將三角函數發揚光大的數學家	高中/數學	F-11A-1 **三角函數的圖形**：sin函數的圖形、週期性，週期現象的數學模型。
134	掃地機器人的「智慧」也仰賴三角函數	高中/數學	G-10-7 **三角比的性質**：正射影。連結斜率與直線斜角的正切，三角測量。
136	最新的VR遊戲中也少不了三角函數的應用	高中/數學	G-10-7 **三角比的性質**：正射影。連結斜率與直線斜角的正切，三角測量。
138	微中子的運動，可以用三角函數來描述	高中/數學	F-11A-2 **正餘弦的疊合**：同頻波疊合後的頻率、振幅。 F-11B-1 **週期性數學模型**：正弦函數的圖形、週期性，其振幅、週期與頻率，週期性現象的範例。

Staff

Editorial Management	木村直之
Cover Design	岩本陽一
Design Format	宮川愛理
Editorial Staff	小松研吾，佐藤貴美子

Photograph

20～21	Andrea Izzotti/stock.adobe.com
21	Public domain
24～25	northsan/stock.adobe.com
42	GraffiTimi/stock.adobe.com
48～49	アフロ，千葉県香取市　伊能忠敬記念館所蔵
89	【八点鐘】Public domain
118～119	torongnguyen/stock.adobe.com
133	Jean-Baptiste-Joseph Fourier. Line engraving by A. F. B. Geille after J. Boilly. Wellcome Collection. Public Domain Mark
138～139	東京大学宇宙線研究所 神岡宇宙素粒子研究施設

Illustration

表紙カバー	Newton Press
表紙	Newton Press
2, 7	Newton Press
9	Newton Press，国土地理院提供の「一等三角網図」をNewton Pressにより改変
10～11	Newton Press
12～13	Newton Press，吉原成行
14～19	Newton Press
22～25	Newton Press
26～27	国土地理院提供の「一等三角網図」をNewton Pressにより改変
29	Newton Press
31	岡田香澄・Newton Press，Newton Press，NADARAKA Inc.
32～33	Newton Press
34～37	岡田香澄・Newton Press
38～39	Newton Press
40～41	Newton Press（雲のデータ：NASA Goddard Space Flight Center Image by Reto Stöckli [land surface, shallow water, clouds]. Enhancements by Robert Simmon [ocean color, compositing, 3D globes, animation]. Data and technical support: MODIS Land Group; MODIS Science Data Support Team; MODIS Atmosphere Group; MODIS Ocean Group Additional data: USGS EROS Data Center [topography]; USGS Terrestrial Remote Sensing Flagstaf Field Center [Antarctica]; Defense Meteorological Satellite Program [city lights].）
43～49	Newton Press
50～53	Newton Press
54～55	NADARAKA Inc.
56～81	Newton Press
82	Globeds/stock.adobe.com
83～113	Newton Press
114～115	加藤愛一
116～119	Newton Press
121	Newton Press，NADARAKA Inc.
122～127	Newton Press
128～129	髙島達明
130～131	Newton Press
134～135	NADARAKA Inc.
136～137	岡田香澄・Newton Press
141	Newton Press

【新觀念伽利略06】

三角函數
掌握角度與長度的現代必備數學

作者／日本Newton Press
執行副總編輯／王存立
翻譯／馬啟軒
發行人／周元白
出版者／人人出版股份有限公司
地址／231028 新北市新店區寶橋路235巷6弄6號7樓
電話／（02）2918-3366（代表號）
傳真／（02）2914-0000
網址／www.jjp.com.tw
郵政劃撥帳號／16402311 人人出版股份有限公司
製版印刷／長城製版印刷股份有限公司
電話／（02）2918-3366（代表號）
香港經銷商／一代匯集
電話／（852）2783-8102
第一版第一刷／2024年6月
定價／新台幣380元
　　　　港幣127元

國家圖書館出版品預行編目（CIP）資料

三角函數：掌握角度與長度的現代必備數學
日本Newton Press作；
馬啟軒翻譯. -- 第一版. --
新北市：人人出版股份有限公司, 2024.06
面；　公分. —（新觀念伽利略；6）
ISBN 978-986-461-391-5（平裝）
1.CST：數學教育　2.CST：三角函數
3.CST：中等教育

524.32　　　　　　　　　　113004794

14SAI KARA NO NEWTON CHO
EKAI BON SANKAKUKANSU
Copyright © Newton Press 2022
Chinese translation rights in complex
characters arranged with Newton Press
through Japan UNI Agency, Inc., Tokyo
www.newtonpress.co.jp